내 삶은 여전히 Underway

내 삶은 여전히 Underway

정옥조 에세이

마이웨이북스

차 례

책을 내면서   6

내 삶은 여전히 Underway   9
크로노스 & 카이로스   13
마음의 정원   16
'나'라는 사람   18
누가 닭띠 아니랄까봐!   22
당신 앞에서   26
마음만 있으면   29
화양연화   33
지금 바로   36
부러워도 지는 게 아니다   40
10월의 어느 멋진 날   44
추억의 소리   48
빌레와 너드랑   50
딩크족   54
이상형과 배우자   58
부부=신뢰   62
me before you의 사랑   66
아이들의 울타리   69
'션'처럼   73
매너리즘   76
온유학 개론   80
'폼' 나게 살자   83
행복을 위해   85

뭐든 해보면 진짜 될까?   90
고부갈등의 해법   95
'쿨'한 부부   99
알아서 먹을게!   103
인생   105
모전여전   108
나의 수영 일지   112
눈물의 의미   116
시간을 거슬러   119
상처 치유의 방법   124
알 수 없는 사람 일   127
든든한 내 편   131
우리 가족은 CC커플   136
꿈을 향한 날갯짓   141
앤을 사랑하는 동생   144
페르소나   147
간극 좁히기   151
비혼주의라니   156
가슴 벅찬 선물   160
홀로 남겨진 삶   166
그들만의 사랑법   170
운이 좋게도   173
아끼다 똥 된다   176
타산지석   181
젊은이들의 번 아웃   184
공존하는 희비극   188
가치 있는 삶   193

책을 내면서

두 번째 수필집이 나오기를 간절히 바랐다. 그 기회를 잡기 위해 여기저기 문을 두드렸다. 쉽지 않았다. 브런치 스토리에 꾸준히 글을 올리고 있지만 역량 있는 작가님들의 글을 보면 금세 위축되기도 한다. 그때마다 내 긍정 모드가 발휘되어 과정도 충분히 의미가 있다며 나 자신을 스스로 격려했다. 누군가에게 받는 인정보다도 내게 주는 기쁨과 만족이 크다면 과정도 충분히 의미가 있다고 생각을 전환한다. 그러면 곧 괜찮아졌다.

수영할 때도 그랬다. 더디게만 가는 수영 실력에 스트레스를 받을 만도 한데 수영선수가 될 것도 아니니 즐기면서 하자며 생각을 바꾸니 마음이 한결 편했다. 물이 좋아졌다. 물을 가르며 앞으로 나아하는 그 기분이 자유롭고, 물 위에 떠서 유영할 수 있다는 사실만으로 충분했다. 결과가 만족스럽지 못해도 꾸준히 연습한 덕분에 이만큼이라도 할 수 있게 되었다. 거저 얻어지는 것은 없다.

내 글은 큰 기교가 없다. 나도 그걸 잘 안다. 하지만 소소한 일상, 평범하고 단순한 삶에서 주는 기쁨만큼 소중한 것은 없다. 누구나 읽기 쉬운 글을 쓴다면 마치 마주 앉아 대화를 나누는 기분일 거라고 생각한다. 첫 수필집을 읽은 지인이 같은 말을 했다. 잘 알고 있는 나와 마주 앉아 수다 떨고 있는 기분이 들었다고 말이다. 그 말이 듣기 참 좋았다.

누군가에게 작은 공감과 위안이 될 수 있다면 거창하지 않아도 좋다. 이미 나의 일상이자 기쁨이 되는 글은 읽고 보고 어디서든 쓰는 것이 일과가 되어 새로운 즐거움으로 내 안에 자리 잡았다. 오롯이 내 마음에 집중하고 다른 사람의 마음을 들여다보면서 주변을 새롭게 바라보는 마음이 자라고 한층 성장했다고 자부한다. 그렇게 준비를 하면 생각지도 않는 기회가 생기리라 믿는다. 하반기 내 인생은 희망이란 꿈을 또다시 꾸며 계속 길을 걸어 나갈 것이다.

며칠째 비가 올 것처럼 찌푸린 하늘에 미세먼지와 꽃샘추위가 심하다. 그래도 어느새 봄 향기가 여기저기에서 묻어나며 새싹이 움트면서 우리를 설레게 하고 있다. 굳어 있던 땅에서도 생명은 움트고 소리 없이 봄은 온다. 하지만 꽃을 피우기까지 진통은 피할 수 없다. 신년부터 여기저기에서 불안한 소식들만 들려 어수선한 시기였지만 진통을 앓은 만큼 꽃을 피우고 안정을 찾아갈 거라고 믿는다. 모두의 얼굴에 웃음꽃이 피기를 바라면서 내 에세이가 조금이나마 그 역할을 해내길 바라는 마음으로 기회를 주신 마이웨이북스 출판사에 감사드린다.

이천이십오년 유월에
정옥조

내 삶은 여전히 Underway

내 삶은 여전히 진행 중이다. 10대의 내 삶이 낮은 자존감과 열등감으로 나의 정체성을 찾아가는 시기였다면 20대의 내 삶은 찬란히 빛이 났다. 대학생활, 사회생활. 꿈의 도전, 뜨거운 연애와 결혼, 두 아이의 엄마가 된 때가 그 시절이었다. 모든 처음이라 서툴러서 때론 시행착오를 겪고, 때론 좌충우돌하며, 때론 고군분투했지만 가장 열정을 쏟으며 빛이 나던 때였다. 30대는 일과 육아와 가사일을 병행하며 아내로서 엄마로서 딸로서 며느리로서의 어느 것 하나 소홀함 없이 책임을 다하기 위해 그야말로 치열히 앞만 보며 달려왔다.

40대의 난 많은 걸 이루었다. 여전히 바쁘게 달려온 결과 주어진 보상이었다. 보다 넓은 내 집 마련의 꿈도, 경제적으로 여유 있는 삶도, 안정된 일도, 아들들의 대학 입학도 무난히 이루었다. 느닷없이 47세였던 내게 원치 않던 질병이 찾아오면서 두려움이 엄습하고 그제야 나를 되돌아보았다. 그동안 앞만 보고 달려오면서 그저 몸을 혹사시키기만 했다. 몸도 마음도 지쳐있었지만 그걸 알지 못했다. 다시 회복된 건강에 감사하며 이제 나를 위해 투자했다. 수영도 시작하고, 여행도 다니고, 글도 쓰면서, 일도 줄였다. 되도록 서둘지 않으며 마음의 고요와 평온을 찾아갔다. 치열하게 달려온 내게 준 쉼의 시간이었다.

50대로 접어드니 한층 안정되고 성숙된 나를 만났다. 26년간 쉬지 않고 일한 남편의 명퇴금으로 노후대책을 해놓고 나니 한결 마음이 편했다. 남편이 재취업하기 전 1년간 쉬면서 주말 농장도 하고 두 주 동안 제주살이도 하며 마지막 날엔 한라산 등반도 하며 의미 있는 시간들을 보냈다. 시간적 여유까지 많은 직장에 다시 재취업한 남편과 함께하는 시간이 여전히 많았다. 마침 코로나 때 시골에 홀로 사시다 올라오셔서 가까운 곳에 사시게 된 어머님과 동생과 함께 사는 엄마에게 더 마음을 써드렸다. 아들들이 대학 졸업 후 바로 취업에 성공하면서 기숙사에 지내면서 둘만의 시간은 계속 되었지만 우린 더할 나위 없이 평온했다. 다시 찾아온 봄날이라 생각한다. 만약 남편과 갈등이 있다거나 마음이 맞지 않았다면 힘들었을 시간이었을지도 모른다.

60대 내 인생은 아직 생각해보지 않았다. 내가 5년만 있으면 60대이고, 30년간 함께 한 남편이 작년에 환갑을 맞았다는 사실이 실감나지 않는다. 유수 같은 세월. 어느덧 찾아와 중년을 맞은 인생. 앞으로 일어날지도 모르는 수많은 일들. 그때그때 삶의 이유를 찾으며 달려온 내 인생 앞에 또 어떤 숙제가 주어질지 알 수 없기에 때론 두려움이 때론 기대감이 몰려오는 건 어찌할 수 없다.

어찌 보면 참 단순한 삶이었다. 거창한 꿈도 없고 내가 처한 상황에서 삶의 이유를 찾으며 안간힘 쓴 인생 같다. 80년대 후반 대학에서 만나 친하게 지냈던 친구 중에 부모님은 교사 부부셨고 압구정에 살고 오빠들도 모두 명문대에 다니고 있었다. 한 친구는 아버지가 항공사 기장이셨고, 어머니는 이대 출신이셨으며 의대생 오빠까지 두고 평창동 대저택에 사는 걸 보고는 내가 참 초라해 보였다. 부모는 내가 선택할 수 있는 영역은 아니지만 친구들이 부럽지 않았다면 거짓말이다.

'나도 좋은 환경에서 자랐다면 어땠을까'라는 철없는 생각도 해봤다. 경기도 변두리 작은 동네에서 가진 것 없고 배우지 못한 부모에게서 태어나 겨우 대학만 졸업하고 교사의 꿈도 이루지 못했다. 결혼해서 좀 더 나은 삶을 살기 위해 오남매 모두 안간힘 쓰며 각자도생할 수밖에 없던 이유였다. 지금은 그런 조건이 나를 강하게 만들었다고 생각한다. 내 삶의 이유가 단순했어도 그때그때 최선을 다한 삶이어서 지금은 감사할 수 있다. 행복해서 감사한 것이 아니고 감사해서 행복하다. 계속 글을 쓰는 것도 내 삶의 큰 이유이자 진행 중인 일이다. 첫술에 배부를 수 없으니 꾸준히 나아갈 것이며 내 하반기 삶의 이유일 것이 분명하다.

25년간 하던 일도 여전히 즐겁게 하고 있고, 경제적으로 독립한 아들들 덕분에 마음의 짐도 덜었다. 게다가 큰아들 31세, 작은아들 27세에 적령기보다 일찍 결혼하면서 완전한 독립을 이루었다. 가정을 이룬 두 아들 덕분에 한결 마음이 놓인다. 80세가 넘은 황혼을 맞은 두 어머님이 아직 건강하게 우리 부부 옆에서 의지하고 계시지만 평안히 사시다가 편안히 떠나실 때까지 마음을 써드리는 것이 남은 숙제이다. 내가 의지하고 사랑하는 주님이 계시고, 끈끈한 오 남매와 주변에 속내를 주고받고, 서로를 속속히 알고 있는 친구와 친한 지인들 덕분에 내 삶이 더 풍요롭고 행복하다.

이제 불혹을 지나 지천명의 중반을 맞고 있다. 내 삶은 여전히 진행 중이다. 앞으로 어떤 어려움이 찾아올지, 어떤 난관에 부딪힐지는 아무도 모른다. 사람의 앞일은 알 수 없다. 알 길도 없다. 톨스토이의 〈사람은 무엇으로 사는가?〉란 책에서도 사람에게 허락되지 않은 것은 무엇인지에 대한 질문의 답은 미래의 일이었다. 알 수 없는 길을 가고 있지만 이제까지 극복하고 여기까지 오면서 성실과 책임감을 다한 것처럼 잘 헤쳐 나갈 거라고 믿는다. 이젠 여러모로 더 성숙해지고 싶다. 말과 생각. 행동. 좀 더 완성된 글까지…. 그동안 앞만 보고 달리며 최선을 다해 살아온 나를 이제야 보듬는다.

크로노스 & 카이로스

그리스 로마 신화에는 시간의 신이 나온다. 흘러가는 절대적 시간이 크로노스이며, 기회를 잡을 수 있는 시간이 카이로스이다. 크로노스의 시간은 누구에게나 똑같이 흐르며 우리가 어쩌지 못하는 시간이다. 반면 카이로스는 보람 있고 가치 있는 자기만의 시간을 뜻한다. 모두에게 똑같이 주어지는 시간이지만 어떤 이들은 그 시간을 허투루 보내지 않으면서 자기가 하고 싶은 일을 하는데 알차게 시간을 쓴다. 24시간 중에서 자고 먹고 일하는 시간 이외에 자기 계발과 자기만족의 시간으로 채우며 끊임없이 시간을 쪼개 쓰는 사람들이 있다. 그들은 카이로스의 시간을 살고 있다.

가만히 있지를 않는 두 지인이 있다. 한 지인은 졸업 후 30년 가까이 세무 일을 하면서 직장생활을 하다가 퇴사 후 방통대 경영학과에 입학했다. 뒤늦게 시작한 공부이지만 스터디를 해가며 열정을 다하더니 좋은 성적으로 졸업을 했다. 워낙 바쁘게 살고 있어 굳이 취업을 하진 않았어도 뭐든 열심이다. 지금도 음악실에 다니면서 남편과 색소폰을 배우러 다니고 매일 탁구를 치며 운동을 한다. 서울에 사시는 시부모님과 지방에 사시는 친정 부모님께도 지극 정성으로 마음을 쓴다. 살림도 음식도 자기 관리도 철저하고, 시간을 허비하지 않는 지인을 보면 혀를 내두를 정도이다. 그런 적극적인 모습에 자극을 받기도 한다.

한 지인은 뒤늦게 간호조무사 자격증을 따서 병원 일을 시작했는데 적성에 맞는지 산부인과 병원에서 오랫동안 일했다. 교대 근무로 여러 가지 힘든 여건임에도 꾸준히 일하다가 어느새 바리스타 자격증은 땄다며 나중에 카페를 할 거라고 얘기했다. 오래간만에 다시 만났을 땐 사회복지사 공부를 하고는 현재 사회복지사로 일하고 있다고 해서 놀랐다. 주말이면 그동안 배운 기타로 동아리에서 가끔씩 밴드 버스킹까지 활동하고 있다.

"언제 그걸 다 한 거야? 자기 시간은 혹시 48시간 아니야?"
하며 감탄한다.

"나를 더욱 높은 곳까지 끌어올려줄 사람으로 주변을 채워라."라는 오프라 윈프리의 말은 좋은 사람을 가까이 두라는 뜻이다. 마치 그 말을 새겨들은 것처럼 내게 좋은 자극을 준 사람들은 그 외에도 많다. 두 사람의 공통점은 시간을 허비하지 않는 끈기와 열정이다. 한 우물만 판 나로선 다른 일에 도전해볼 생각도 못했다. 25년간 아이들을 가르치는 일이 적성에도 맞고 만족한 일이였다. 아이들 둘을 키우면서 오후엔 일을 하고 오전엔 4년 동안 집단 상담 봉사까지 하였다. 6개월간 공부로 청소년 상담사 3급 자격증을 취득한 것과 교사자격증이 있지만 좀 더 체계적으로 일하기 위해 독서 지도사 자격증을 딴 것만으로도 뿌듯했다. 모두 30대의 일이다. 젊었기에 가능했다. 지금은 체력도 안 될뿐더러 다른 일을 벌이거나 배울 엄두를 못 낸다. 일에만 몰두하다가 10여 년 전부터 글을 쓰기 시작한 일은 지금 생각해도 가장 잘 한 일이다. 갑자기 발병된 암 수술을 받으며, 같은 해 아버지를 떠나보내며 갑작스럽게 폭풍처럼 몰아친 감정을 추스르면서 쓰기 시작한 글이었다. 처음 쉼을 얻으며 마음의 여유까지 가진 내게 다가온 카이로스의 시간이었다.

 뭐든 배우는 자세는 자기 발전에 역동적인 성장을 거듭한다. 한 가지를 완주했을 때 또 다른 도전을 하는 기회를 갖는 사람들도 배우는 것을 좋아하는 이들이다. 어디에서건 누구와 함께 있건 배울 것은 항상 있다. 직접 무엇을 배우는 것도 좋고, 누군가의 모습을 보며 동기부여나 자극을 받아도 좋다. 마음먹은 일을 실천하며 뭐든 배우는 자세가 중요하다. "성장하는 동안은 늙지 않는다." 올해 104세인 김형석 연세대 명예교수의 저서 〈백 년을 살아보니〉에서 나온 말이다. 신체적으로는 여자가 22세, 남자가 24세까지 성장하지만 정신적 성장과 인격적 성숙은 한계가 없다고 한다. 노력만 하면 75세까지 성장이 가능하다는 것이다.

 시와 수필을 쓰기 시작하면서 나름 성장한 시간이었다. 브런치 스토리 활동을 하며 수많은 글이 올라올 때마다 읽고 공감하고 긍정적인 영향을 받으며 다시 도전할 힘을 얻는다. 그런 긍정적 영향이 나를 성장시켰고 나만의 시간으로 발전시켰다고 자부한다. "늦었다고 생각할 때가 시작할 때라는 말" "시작이 반"이라는 말은 괜히 있지 않다. 어떤 일이든 배우고 일하는 노력을 게을리 해선 안 된다. 생각은 행동과 실천으로 이어져야 한다. 노력은 큰 자산이다. 크로노스의 시간 속에서도 카이로스의 시간에 사는 이들에게 주어지는 것은 가치 있는 삶을 사는 원동력이다.

마음의 정원

마음은 정원이다. 끊임없이 가꾸어야 한다. 정원을 가꾸지 않으면 풀이 무성하고 나무가 마르고 우후죽순 자란 나무들은 정원을 망가뜨린다. 가꾸고, 다듬고, 잘라주고, 물주고, 영양을 주어야 더 푸르고 이름답게 자라듯 우리 마음도 같다. 내 마음이 푸르고 잘 자랄 수 있도록 가꾼다면 더욱 풍성한 삶으로 만들 수 있다.

마음을 하찮게 여겨선 안 된다. 모든 생각의 근원은 마음에서 나오고 마음은 행동으로 나타난다. 올곧고 선한 마음은 선한 행동으로, 불의하고 악한 마음은 악한 행동으로 이어진다. 어떤 마음을 품느냐에 따라 행동이 달라진다. 먼저 마음의 동기가 순수한 사람이 되어야 한다. 불순한 동기는 선한 결과를 가져올 수 없다.

마음 밭을 잘 가꾸려면 정성이 필요하다. 때가 되면 거름도 주고, 영양도 주어야 잘 자라는 정원처럼 마음도 정성껏 잘 가꾼다면 좋은 열매가 맺힌다. 긍정적 생각으로 변화를 일으키게 한다. 뭐든 잘 할 거란 생각, 괜찮다는 생각, 안 돼도 다시 하면 된다는 긍정의 씨앗은 긍정의 결과로 꽃을 피운다.

마음에는 꽃밭이 피기도 한다. 봄이면 패랭이꽃처럼 화사한 꽃과 보랏빛 제비꽃도 피어 포근함도 안겨주고 흩날리는 벚꽃도 된다. 여름이면 강한 민들레도 피고 해를 보고 핀 해바라기처럼 누군가의 바라기도 되고 화려한 수국도 핀다. 가을이면 소복한 국화처럼 은은한 향기를 주고 하늘거리는 코스모스도 되고 나부끼며 빛나는 억새도 된다. 때로는 청초하게, 때로는 강인하게, 때로는 화려하게, 계절마다 마음의 꽃이 맘껏 피어난다. 무엇을 심느냐에 따라서 달라진다. 게다가 꽃을 피우면 아름다운 향기는 저절로 덤으로 얻어지면서 흘러나간다.

　내 마음의 정원이 시들지 않도록 끊임없이 가꾸고 정성을 들여 아름답게 가꾼다면 빛이 나는 나를 만날 것이다. 내 마음의 정원으로 들여온 이들에게도 쉼과 안식을 주기도 한다. 그런 가치 있는 삶을 살게 만드는 건 내가 어떤 마음의 정원을 가꾸느냐에 달려있다. 황량하고 시들어 있는 삭막한 정원으로 만드는 것도, 풍성하고 잘 정돈된 정원을 만드는 것도 내 역량이다. 겨울의 정원조차 잠들어 있는 동안에 새봄을 위해 숨죽이며 다시 피어날 때를 준비하는데 내 마음에도 뭐든 피우고 가꾸려는 자세가 항시 필요하다.

　톨스토이는 "이 세상에서 가장 중요한 시간은 현재이고, 이 세상에서 가장 중요한 사람은 현재 마주하고 있는 사람이고, 이 세상에서 가장 중요한 일은 그 사람에게 선을 행하는 일이다."라고 말했다. 선은 거창한 것이 아니다. 말 한마디, 웃음 한 줌도 베풀 수 있다는 어느 작가님의 말이 떠오른다. 현재 내가 사랑하는 사람들과 마주하며 마음을 나누고 선을 행하는 일이야말로 내 마음의 정원을 풍성하게 가꾸고 아름다운 삶을 만드는 지름길이 아닐까 싶다.

'나'라는 사람

이름은 자신의 존재감을 떠오르게 한다. 나는 어릴 때 내 이름이 너무 싫어서 불리는 것조차 싫어했다. 주변에 예쁜 이름을 가진 친구들이 부러웠다. 딸들까지도 '아침 朝'라는 돌림자로 지어주신 이름이 늘 불만이었다. 이름은 내 자존감까지 낮아지게 만들었다. 자꾸 비교되게 만들고 작아지고 움츠려들고 소심해졌다. 어리고 철없던 시절이었으니깐. 이름만의 영향은 아닌 다른 이유도 있었지만 자존감은 쉽게 회복되지 않았다.

자라면서 독특한 이름이란 말을 많이 들었다. '아침 구슬'이라는 이름의 뜻은 '이슬'을 떠오르게 만든다. 맑고 깨끗한 이슬을 내 예명으로 삼았다. 브런치 스토리에 '아침을 여는 이슬 詩' '아침을 여는 이슬 수필'이란 제목으로 글을 올렸다. 밝아오는 아침에 나뭇잎과 꽃잎. 풀잎에 떨어진 이슬의 깨끗함과 청초함은 나로 하여금 맑고 깨끗한 사람이 되라는 목표를 갖게 했다.

맑고 깨끗한 사람이 되기 위해 거짓과 위선의 마음이 아닌 정직하고 진실된 마음을 가지려고 애쓴다. 보이지 않는다고 속이 들여다보이는 빤한 거짓말을 하거나 남을 험담하는 사람을 가까이하고 싶지 않다. 내 앞에서 남을 험담하는 사람은 다른 사람 앞에서도 충분히 내 허물과 단점을 거침없이 말할 사람처럼 보여 일단 마음에서 거른다. 허물과 단점. 실수가 없는 사람은 없다. 나도 언젠가 같은 실수를 할 수 있어 너그럽게 포용하려고 애쓴다. 또 그렇게 살기 위해 되도록 정직과 신뢰를 모토로 삼고 있다.

"이름은 권리임과 동시에 동기 부여이며 자기실현의 심리를 충족한다."라고 Maslow는 말했다. 욕구 이론에서 최고의 욕구도 자아실현이다. 이름에 맞는 사람으로 살면서 그 목적을 성취해 간다면 상위의 욕구까지 충족시킬 수 있는 사람이 될 것이다. 부끄러운 내 이름이 이젠 이름처럼 살고 싶게 만든 이름이 되어 그 이름을 사랑하게 됐다. 김춘추 시인님의 〈꽃〉이란 시에서는 나의 존재와 너의 존재는 서로 이름을 불러주기 전까지 의미가 없다고 말한다. 단순히 이름을 불러주는 것이 아닌 존재의 의미를 덧붙이고 관계를 중시하는 것이다. 마치 사막여우가 어린 왕자에게 가르쳐준 길들임처럼 말이다.

이름처럼 살기 위해 애쓰다 보니 인간관계가 비교적 원만했다. 맑고 깨끗한 이슬처럼 살기 위해 다른 사람을 가식적으로 대하지 않으려고 한다. 가끔씩 진실하고 정직하지 못할 땐 부끄럽게 여기며 최소한 이름에 걸맞는 사람으로 살아가려고 노력 중이다. 앞으로의 삶도 누군가에겐 존재의 의미를, 나에겐 삶의 의미를 부여하며 지금과 크게 다르지 않게 살고 있을 것이다.

어떤 이는 갈팡질팡하는 자신을 결정 장애가 있다고 표현한다. 결정하는 게 제일 어렵다며 자신의 의견을 내기보단 따라가는 쪽이 편하다고 말한다. 누가 결정해주면 신경 안 쓰고 편하고 좋단다. 상황에 따라 자신이 결정해야 할 일이 있고, 따라가도 좋을 일들이 있다. 가끔은 자기 목소리를 내야 한다. 따라가기만 하면 의례히 그 사람의 의견은 무시되거나 전혀 반영되지 않는다. 필요할 땐 적당히 자기주장도 펼치고 다른 사람 의견도 수용하며 조율할 필요가 있다. 사람은 누구나 자기중심적이다. 다른 사람의 의견도 수용할 줄 알아야 한다.

김초혜 시인님은 〈나〉라는 시에서 나를 방해하는 것은 '나' 자신이라고 말했다. 나를 가장 잘 안다고 생각하면서도 나를 모를 때가 참 많다. 자신의 정체성을 아는 것만큼 중요한 것은 없다. 스스로를 믿지 못하면 매사에 자신감이 없어진다. 자신을 잘 안다고 해도 중요한 결정 앞에서 어떤 선택이 옳은지 갈등한다. 복잡한 일이 생길 때면 이런저런 내면의 생각과 마음이 뒤엉켜 가장 좋은 선택이 무엇인지 혼란스럽다. 가장 적합한 방향으로 선택하려고 애쓰지만 매번 선택이 옳은 건 아니다. 시인님의 "나는 나의 친구이면서 다른 나다."라는 시의 표현처럼 자신에 대한 적절한 표현이 있을까 싶다.

때론 실수하고 때론 오류를 경험하지만 다시 걸어간다. 정답이 있는 삶은 없다. 방법이 한 가지만 있는 것도 아니다. 그때그때 내 삶에 책임감을 갖고 최선을 다할 뿐이다. 그러다 보니 여기까지 왔다. 이젠 더 이상 정체성의 혼란도 겪지 않고 가장 나다운 삶이 무엇인지도 안다. 주변의 말에 좌지우지되지 않으며 나답게 살고 있다. 예전의 나와 비교하면 강단이 생겼고 내성이 생겨 강해졌다. 이젠 중심을 바로 잡고 치우치지 않는다. 나와 주변 사람의 행복을 위해 애쓰는 나로 살고 있다. '나만 행복하면 그만이지'가 아닌 '모두의 행복'을 소망하며 주변을 돌아보는 너그러움과 여유가 생긴다.

정호승 시인의 〈내가 사랑하는 사람〉이란 시는 내가 참 좋아하는 시이다. 작가님은 그늘이 되어 품어주는 사람. 다른 사람의 눈물을 닦아주는 사람을 사랑하고 그 모습이 고요하고 아름답다고 말한다. 좋아하는 사람의 유형이나 기준이 누구에게나 있는데, 작가님이 좋아하는 사람의 모습으로 살고 싶어지게 만든다.

누가 닭띠 아니랄까봐!

가족들에게 어릴 때부터 "누가 닭띠 아니랄까봐" 소리를 자주 들으면서 자랐다. 조용하다가도 한 번 성질을 내면 파닥거리면서 한시도 가만히 있지 않고 동동거리는 내 모습을 빗대서 한 말이다.

성격은 타고난 성향과 자라온 환경으로 형성되는 것이지 12지신의 12띠와는 상관없다고 여겼다. 그럼에도 닭띠인 친구들도 닭띠 딸을 가진 지인들도 닭띠 특유의 성격들이 있다는 말에 다들 공감한다. 성격상 가만히 있는 것보다 돌아다니며 일을 만들고 활동적인 닭띠 특유의 성향을 말이다.

엄마는 예전부터 내가 저녁에 태어난 걸 다행이라고 말했다. 새벽닭은 사람들을 깨우고 아침부터 종일 모이를 쪼아 먹느라 바쁘고 피곤하게 산다고 덧붙였다. 그런 게 맞나 싶었는데 지금까지 일을 놓지 않고 분주하게 사는 친구나 시어머님을 모시면서 일복 많은 친구들은 대부분 새벽이나 이른 아침에 태어났다는 공통점이 있다. 우연의 일치이거나 역할의 차이겠지만 조금은 신통하게 들어맞는다. 저녁 시간에 태어난 나는 지금까지 일하고는 있지만 비교적 자유롭다. 오후부터 하는 일이라 오전에 한가하게 할 일 해놓고 점심 선약도 가능하다. 집안 일 하면서도 여유가 있고 시간도 자유롭게 조율할 수 있는 일이라 심적으로도 부담이 적다.

반면 새벽에 태어난 친한 친구는 공무원으로 사회생활 35년 차이다. 육아 휴직. 질병 휴직 빼곤 30년을 맞벌이로 살면서도 친정의 대식구까지 살뜰히 챙기느라 늘 바쁜 친구이다. 야근에 주말 행사까지 늘 일에 치이고 고3을 지나 올해 대학에 들어간 늦둥이 아들의 입시와 진로도 같이 고민하며 예민해진 시간을 막 지나왔다. 너무 힘들어 보여 쉬엄쉬엄하라고 했는데 갑자기 면역력이 저하되면서 갑상선 저하증과 고관절 염증 등 건강 적신호가 한꺼번에 찾아와서 몸무게가 갑자기 확 빠졌다. 이런저런 검사 후에 두 주 병가를 내고 약을 먹고 쉬면서 다행히 많이 회복되었지만 건강이 염려된다. 먹는 것도 신경 안 쓰고 몸을 그렇게나 혹사시키면 없던 병도 생긴다. 이젠 몸을 챙길 나이이다.

닭띠 성향을 분석한 글을 관심 있게 보았다. "성실한 노력가이며 이상이 큰 반면, 의욕이 지나치고 호전적이며 인생의 굴곡도 많은 편"이라고 나왔다. 딱 나였다. 닭띠와 잘 맞는 띠는 소띠와 용띠라는데 둘째 아들은 소띠. 남편은 용띠이다. 별로 중요하지 않은 우스갯소리라고 치부하면서도 비슷한 면이 없지 않아 신기했다. 그것도 들어맞기 때문이다. 두 사람과는 부딪힐 일이 전혀 없는 반면 개띠인 큰아들과는 티격태격하는 편이다.

언젠가 연휴를 길게 맞은 아들에게 계획이 있는지 물었다. 무빙을 본다고 했다.
"그래? 무슨 영화?" 그러자 "무빙"이라고 했다.
"그니까 무슨 영화냐고?" "무빙"

계속 반복된 말씨름에 화가 날 때쯤 "아~그 무빙!"

이제야 그때 핫한 드라마 제목인 걸 알았다. 옆에서 지켜보던 작은 아들은

"그냥 시리즈물 드라마라고 말하면 되지!"

하며 엄마를 약 올리는 형의 태도에 쯧쯧 혀를 찼다. 큰 아들은 나와 이런 식으로 자주 티키타카 한다. 남편과 둘째 아들과는 부딪힐 일이 거의 없이 조용하다.

어느 날은 간만에 한가하게 시간을 보내다가 오후 늦게 너무 심심해서 시장 한 바퀴 돌고 왔다는 내 말을 듣고 피식 웃는 친한 언니가 있었다. 자기는 집에 며칠 동안 꼼짝 않고 있어도 지루하다고 느낀 적이 없다는 것이다. 생각해보니 난 내향적이기 보다 외향적이고, 정적이기 보다 동적이고, 수동적이기보단 능동적이고, 따라가기보다는 추진 형이라는 걸 그때 알았다.

띠를 분석한 결과로는 영락없이 닭띠 성향이고 MBTI에선 전형적인 ESFJ 유형이다. 공감 능력 있고 체계적이며 의사소통이 잘 되고 낙천적이면서 책임감이 강하다. 반면 비판에 민감하고 다소 보수적이어서 타인에게 단호하지 못하고 집단의 일을 우선시 한다는 특징이다. 그 특징 역시 나였다.

신기한 건 예전 내 성격은 정반대였다. 수동적이고 내향적이고 자기표현 못하고 누군가 이끌어주는 것을 더 좋아했다. 뒤에서 서포트 하는 것이 마음이 편했다. 그런 내 성격이 마음에 안 들어 적극적으로 바꾸려고 노력했다. 하지만 나이가 들고 환경이 바뀌

면서 자연스럽게 변했다. 성격은 급해지고 뭐든 빨리빨리 하는 것이 몸에 배였다. 기다리는 것이 답답해 내가 먼저 해버리고 마는 성격이 되어버렸다. 하지만 여전히 변하지 않는 두 가지 특징이 있다. 사람과의 관계와 일을 중시해 바쁘게 지내는 것과 화가 날 땐 퍼붓기보단 혼자 분을 삭이며 파르르거린다는 것이다. 어찌 할 수 없는 나만의 고유한 성격이고 가족들의 표현에 의하면 이렇다.

"누가 닭띠 아니랄까봐!"

당신 앞에서

30년 가까이 사는 남편이라 그런지 이제 남편 앞에선 부끄러움이 없다. 어떤 날은 전혀 꾸미지 않는 내가 지나치다 싶을 정도이다. 부스스한 머리를 질끈 묶고, 세수도 안 한 얼굴로 종일 함께 있으면서 거울에 비친 내 모습을 보면 피식 웃음이 나오기도 한다. 남편 앞에서 민낯을 보인 적이 없다는 언니 친구가 있고, 절대 방귀도 안 뀐다는 지인도 있다. 가장 편해야 할 남편 앞에서 뭘 그렇게 신경 쓰냐고 말한다. 어쩌면 여전히 예뻐 보이고 싶은 아내의 마음과 자존심이 아닐까 싶다.

교회 오빠였던 남편과 나는 4년 연애 끝에 결혼을 했다. 막 제대해서 청년부에서 만난 남편은 첫인상이 좋았다. 짧은 머리에 검게 그을린 피부에 짙은 눈썹을 가진 남편은 키가 크고, 건강미가 넘치는 모습이 단번에 내 마음을 사로잡았다. 마음에 두고 있다가 기회를 엿보고 있었는데 마침 4학년에 복학한 남편이 학교로 학보를 보내면서 연애가 시작되었다. 5월 학교 축제에 오라는 말에 '앗싸' 하며 기대에 부풀었던 풋풋한 연애 시절이 떠오른다. 그렇게 4년 동안 연애를 하면서 보통의 연인처럼 헤어지기 아쉬워서 25살 때 5살 많은 남편과 결혼해서 지금까지 30년을 살고 있다.

〈 당신 앞에서 〉

당신 앞에서
아직도 난
예쁜 꽃이고 싶어요

꽃봉오리 살짝 올라
어느새 만개해
풍성한 아름다움 가득한
화려한 꽃은 아니어도

한 잎 두 잎 떨어져
서서히 사그라지는
볼품없는 꽃일지라도
한때는 예쁜 꽃임을
기억해주는 당신 옆에서
아직 향기로운 꽃이고 싶어요

어느 날 내가 쓴 시를 남편에게 카톡으로 보냈더니
"내겐 아직도 예쁘고 향기로운 꽃입니다."라는 답장을 보내왔다.
기뻤다. 서로에게 예쁘고 멋지게 보이고 싶은 마음은 예나 지금이
나 변함없지만 지금까지 설렘으로 사는 부부는 없을 것이다. 모든
건 퇴색되기 마련이다. 권태기도 찾아오고 서로 무덤덤해지면서

사랑은 시들해지지만, 사랑의 마음만은 변해선 안 된다.

　배우자는 이제 끈끈한 가족의 정으로 사는 가장 든든한 지원군이자 의지할 사람이다. 아이들이 제 둥지로 날아갈 때 옆을 지켜주며 함께 의지할 사람 역시도 배우자이다. 이젠 부모님과 산 인생보다 남편과 살아온 인생이 더 길다. 빠른 시간의 흐름이 어느새 이만큼 우리를 데려다 놓았다.

　'김초혜' 시인님은 〈어떤 부부〉란 시에서 "되돌아보니 오던 길이 40년 길. 아득해도 꿈만 같고 아직도 깊은 늪에서 허우적거려도 지난날은 순간순간 행복이구나."라고 했다. 시인의 시처럼 순간순간 동고동락했던 지난날이 떠오른다. 후반기 인생도 지금처럼 남편과 서로 아끼고 존중하는 부부가 되어 연민으로 서로 등 긁어 주는 부부로 해로하고 싶다.

마음만 있으면

가족 영화가 나오면 어머님이나 엄마를 모시고 극장에 갔었다. 두 분 모두 폭력적인 영화나 외국 영화는 맞지 않아서 가족적이거나 감동적인 드라마 같은 영화를 주로 봤다.

10년 전에 아버님이 갑자기 돌아가셨을 때 장례식을 끝내고 혼자 남으신 어머님의 거취 문제를 상의할 때 어머님은 시골 생활을 그대로 하시겠다고 단호하게 말씀하셨다. 그 뒤로 각자 형편되는대로 생활비를 드리고 돌아가면서 자주 찾아뵙기로 했다. 혼자 사시면서도 부지런히 텃밭을 가꾸고 동네 어르신들과 마을회관에 모여 점심을 해 드시고 주일이면 예배에 다녀오시면서 10년 가까이 씩씩하게 홀로 지내신 어머님이었다. 1년이면 명절 두 번. 어버이날. 아버님 기일. 여름휴가. 어머님 생신. 김장 때 등 어김없이 시골에 다녀왔다. 그러다 보니 한두 달에 한 번 정도는 주말을 이용해 시골에 가게 되고 어머님과 시간을 보내고 왔다.

우리가 가면 일단 공주 시내에 나가 무거운 생필품을 사고 장도 보고 온다. 가끔씩은 온천도 모시고 가고 의례히 외식도 한다. 특히 시골집이 추워서 겨울이면 항상 온천에 모시고 간 일은 딸 노릇 해주었다고 좋아하셨다. 가끔 가족 영화가 나오면 모시고 가서 함께 본 일도 기분전환이 되신 것 같아 뿌듯했다. 시골 극장에서 함께 본 영화중에 좋아하셨던 영화가 〈수상한 그녀〉와 〈청년 경찰〉이었다.

〈수상한 그녀〉를 보면서 아이들처럼 깔깔거리고 웃으시며 좋아하셨다. 사진관에서 사진을 찍은 뒤에 배우 나문희 씨가 50년 젊은 심은경 씨로 바뀌면서 젊음을 즐기고 연애 감정도 느끼는 모습에선 대리만족을 하신 것 같기도 하셨다. 나중에 사고 당한 손자에게 수혈을 해주고 다시 젊음을 잃었지만 후회하지 않는다는 나문희 씨의 마음에도 공감하셨다. 똑같이 사진을 찍고는 김수현 씨로 젊어진 박인환 씨가 오토바이를 타고 나타나 나문희 씨 앞에 나타나서 뒤에 태울 때는 박장대소를 하셨다. 김수현 씨의 카메오 출연으로 화제가 되기도 했고 800만 관객을 이끈 만큼 잘 만들어진 영화여서 어머님은 지금도 그 영화를 기억하신다.

〈청년 경찰〉에서는 두 남자 주인공의 케미가 돋보인다며 잘 만들어진 영화라며 재미있게 보셨다. 패기 있는 젊은 두 경찰대 학생들이 호감을 갖던 여자가 납치당하는 것을 목격하면서 사건에 휘말리고, 수사를 돕고 사건을 해결한다는 내용을 코믹하게 풀어간 영화였다. 두 젊은이들의 연기도 좋았고 곳곳에 코믹 요소와 액션이 들어가 있어 자칫 무겁고 무서운 주제를 흥미진진하게 풀어갔다. 폭력 영화를 좋아하지 않는 어머님도 위기 상황에선 감정이입을 하시면서 긴장하시고 사건을 무사히 해결했을 땐 안도하셨다.

우리가 쉽게 하는 일들을 어머님과 엄마는 예전에도 지금도 누리지 못하신다. 꽃구경, 영화, 찜질방, 여행, 외식 등과 같은 작고 단순한 일조차도 말이다. 소소하게라도 누리시기를 바라는 마음으로 해드린 일이다. 생각보다 좋아하셨고 그 뒤론 시골에 갈 때마다 함께 볼 수 있는 영화가 있나 미리 찾아보게 됐다.

펜데믹이 시작되고 병원에 가실 일이 많아지면서 시골 생활을 청산하시고 자식들이 사는 근처로 이사 오신 어머님과 이젠 더 많은 시간을 보낼 수 있었음에도 3년 동안 제약이 많았다. 모두가 겪은 힘든 시기여서 어머님이 혼자 시골에 계셨다면 걱정이 더 많았을 텐데 일산으로 이사하신 일은 그야말로 시기적절했다.

펜데믹이 끝나면서 어머님과 엄마를 모시고 함께 본 영화는 〈육사오〉였다. 로또가 북한으로 날아가면서 로또를 찾기 위해 남북한 군인이 공조한다는 이야기를 코믹하게 풀어냈다. 마지막에 찾은 로또를 갖고 당첨금을 찾으러 가면서 로또를 속옷에 붙여 변태 남으로 오해받는 장면에서 두 분 모두 눈물이 날 정도로 웃으셨다. 돈이 들어있는 가방은 결국 멧돼지로 인해 무용지물이 됐지만 남북한 민족애를 다뤄주어 감동도 컸던 영화였다. 영화를 보고 두 분과 식사를 하면서 영화 얘기도 나누며 좋은 시간을 보냈다.

함께 영화를 볼 때마다 느끼지만 가족 오락 영화가 많이 나오면 좋을 것 같다. 효도가 별거 아니란 생각이 든다. 이젠 나이가 드시니 그나마도 쉽지가 않다. 여행을 같이 가고 싶어도 다리가 아프다며 싫다고 하시고 좋아하시던 가족 영화도 두 시간을 앉아 있는 것과 소변 문제로 더 불편해져 그냥 집에서 쉬는 게 제일 좋다고 하신다. 가수 임영웅 씨를 좋아하시는 어머님을 위해 콘서트 영상을 극장에서 상영한다고 해서 예매를 해두었다가 3시간이란 말에 기겁하셔서 취소한 일도 있다. 대신 집에서 보실 수 있게 영상 콘텐츠를 보여드렸다.

이젠 긴 시간 앉아계시는 것도 힘들어 하시고, 87세가 되신 어머님은 이제 건강이 예전 같지 않다. 84세 엄마도 마찬가지이다. 자잘하고 소소한 일이라도 좋아하시는 일이 있다면 찾아서 마음을 써드리려고 한다. 연세는 드셔도 마음은 아직 하고 싶은 일이 많으실 텐데 몸이 안 따라주니 포기하고 사시는 것뿐이다. 그 마음을 헤아려 드린다면 크게 어려운 일은 아니다. 마음만 있으면 말이다.

작년에 작은아들을 결혼시킬 때는 옷을 두 벌 사드리고, 이번에 큰아들 결혼식 때는 낡은 소파를 바꾸어 드렸다. 마음을 써주시는 만큼 나도 더 잘해드리고 싶어진다. 말씀은 됐다고 하셔도 뭐든 해드리면 기뻐하시는 어머니를 볼 때면 뿌듯하다. 마음을 써주면 다시 마음으로 돌아오는 것은 인지상정이다.

화양연화

화양연화(華陽蓮花)란 인생에서 가장 행복하고 아름다운 시간이란 뜻으로 어감이 참 예쁜 말이다. 더불어 나의 화양연화 때가 떠올라서 때론 그립기도 하다.

2000년 양가위 감독이 양조위와 장만옥 배우를 주연으로 안타까운 사랑을 그려낸 영화 제목이기도 하다. 서로의 남편과 부인의 외도 사실을 알게 되면서 괴롭고 외로운 결혼 생활에 지친 두 주인공은 서로에게 의지하며 조금씩 가까워졌지만, 도덕적 관념에서 벗어나지 못하고 가정을 지키면서 영화는 끝이 난다. 가장 아름다운 한때를 잊지 못한다는 의미와 60년대를 배경으로 감성을 자극하면서 화제가 되었다. 그들의 사랑은 외도한 배우자와는 다른 고결한 사랑이라고 변민하면서 결국 이별을 택한다.

요즘 시대라면 더 이상 함께 살 이유가 없다며 과감히 이혼이나 졸혼을 선택했을 텐데 시대상도 크게 반영된 영화였다. 육체와 정신적 사랑은 논란이 많은 부분이다. 플라토닉 사랑 같은 건 존재할 수 없다고 말한다. 부부라면 애초부터 그런 상황을 만들지 말고 본능을 자제하는 의지나 본연의 위치와 역할에 충실 하는 책임감이 필요하다. 부부는 신뢰가 깨지는 순간 화양연화도 끝이 날 수밖에 없다.

내가 좋아하는 보이 그룹 방탄의 〈화양연화〉란 앨범에서도 그들의 불안한 청춘을 노래했다. "인생의 꽃을 피우기를 간절히 바라며 다 잘될 거야."라고 외친다. 하지만 "세상은 겁을 주고 다가오는 현실은 두렵지만 그 순간은 다시 돌아오지 않으니 행복을 찾자"고 크게 소리친다.

젊을 때 나의 화양연화를 위해 크게 고민하지 않은 것이 후회된다. 자존감 낮았던 유년기는 비교 의식과 자격지심이 컸던 시기였다. 잘 하는 것 하나도 없다고 생각해 열등감에 시달린 내가 조금씩 인정받으며 자신감을 얻은 때는 청소년기였다. 성적이 오르면서 내 처지와 상황도 얼마든지 바꿀 수 있을 거란 희망을 갖게 됐다. 얼굴과 마음까지 활짝 피어나게 했던 고교 시절은 내 인생에 꽃을 피운 시절이었다. 나를 좋다고 바라봐주는 사람. 예쁘고 똑똑하다고 말해주는 사람이 있었다. 끈끈한 교우관계도 관심 받고 주목받는 기쁨도 있었다. 하고 싶은 분명한 목표도 정체성을 찾는 과정도 누려본 가장 의미 있던 시절이었다.

그 힘과 동기부여는 80년대 후반 경기도 변두리 작은 학교에서 대학을 많이 가지 못하던 때 막연히 그려보던 88 꿈나무 학번이 되어 대학 생활을 누리게 했다. 누구나 동경하던 멋진 대학 생활을 온전히 누려보지 못한 일은 가장 후회가 남는다. 부푼 희망을 안고 들어간 대학에서 20년 동안 '우물 안의 개구리'였음을 절실히 실감했다. 목표 의식 없이 꿈도 이루지 못한 채 아쉽게 대학 생활을 마친 것은 지금 생각해도 후회된다.

한 달간 교생 실습은 벅찬 설렘을 주었지만, 교사의 꿈도 이루지 못 하고 현실에 순응하며 2년간 사회생활을 마친 것으로 만족했다. 요즘 젊은이들처럼 치열하게 경쟁했다면 버티지 못했을 대학 시절이다. 남편도 그 시대에 대학 다닌 걸 다행이라고 말한다. 하지만 지금 다시 돌아가고 싶은 시절을 묻는다면 가차 없이 대학 때라고 말한다. 미래에 대해서 좀 더 진지하게 고민하며 마음껏 날아오르고 싶다. 젊은 날의 청춘과 꿈을 위해 달려가서 화양연화의 꽃을 활짝 피워보고 싶다.

4년간의 연애 기간도 내 인생의 화양연화였지만 결혼과 동시에 끝이었다. 주어진 삶의 무게와 육아, 가족에 대한 막중한 책임감에 나를 돌아볼 시간 없이 긴 시간이 흘러가 버렸다. 물론 기쁘게 감당한 일이지만 어느새 30년이 지나고 나니 자유와 편안함. 여유와 열정 등이 지금 내 앞에 봄날로 다가왔다. 바쁘고 힘들었던 젊은 날의 시간들은 지나고 돌아오지 않을 것 같던 화양연화가 다시 돌아와 내 앞에 마주 섰다. 격세지감을 느낀다.

청춘의 아름다움과 젊음의 화양연화는 내게 없지만 내면의 아름다움과 성숙의 화양연화가 찾아왔다. 여유와 안정이 나를 화양연화의 시간으로 다시 이끌고 있다. 젊을 때의 화양연화를 추억하는 시간이 가끔은 그립지만, 지금은 내면이 좀 더 깊어졌다. 앞으론 하고 싶은 일에 열정을 다하면서 다시 올 화양연화를 기대해본다.

지금 바로

새로운 산 가방을 들고 나가자 알아챈 지인이 남편이 사줬냐고 물었다. 난 고개를 강하게 저으며 아니라고 대답했다.
"내가 샀어. 사고 싶으면 내가 사면 돼지. 치사하게 뭘 사달라고 해!"
하며 말하자
"오, 그 자세 좋아!"
라는 반응이 돌아왔다.

예전엔 진짜 아끼면서 살았다. 가성비를 따지고 몸이 힘들어도 발품을 팔아 조금이라도 더 싼 걸 사려고 했다. 사고 싶은 것이 있어도 망설이며 악착같이 절약했다. 분양 받은 아파트에 들어가야 한다는 분명한 목표가 있었기에 아끼는 내가 구차해 보이지 않았고 절약은 습관이 되었다. 아이들 둘 키우면서도 택시 한 번 제대로 타지 않고 버스만 타고 다녔다. 둘째 아들 옷은 거의 사준 적이 없었다. 첫째도 아들이고 언니 아들도 큰아들과 동갑인 데다 언니 둘째는 딸이어서 두 아들의 옷을 고스란히 물려 입혔다. 그야말로 거저 키웠다. 밖에서 혼자 먹는 점심으론 김밥 외엔 사치라고 생각했던 나였다. 먹고 입고 쓰는 것에서부터 무조건 아꼈다.

월급을 타면 저축부터 하는 건 당연했고, 모자란 중도금을 빌려

가면서 적금을 타면 갚느라 바빴다. 그렇게 아파트도 사고 우연한 기회에 빌라를 사둔 것이 재개발이 되면서 운 좋게 자산이 조금씩 늘어갔다. 남편 직급이 올라가고 연봉이 높아졌다. 나도 꾸준히 일한 덕분에 경제적으로 풍족함을 느낄 때조차도 아끼던 습관이 몸에 배어서 나를 위해선 여전히 아꼈다.

백화점에서 매장을 운영하는 친구가 있다. 항상 세련되게 옷을 잘 입고 자기를 잘 가꾼다. 다만 버는 만큼 소비도 크다고 말한다. 백화점에 있으니 자신을 안 가꿀 수도 없다고 소비를 좀 줄여야 한다고 했다. 어느 순간부터 너무 가꾸지 않던 나와 비교되었다. 자신을 가꾸는 친구들을 보면서 조금씩 생각과 습관을 바꿔갔다. 사고 싶은 게 있으면 사고, 먹고 싶은 게 있으면 먹고, 하고 싶은 일이 있으면 하고, 가고 싶은 데가 있으면 바로바로 가자는 마음으로 바꾸기 시작했다. 처음엔 쉽지 않았지만 해보니 조금씩 변했다. 어렵던 일들이 조금씩 쉬워졌다.

나에 대한 투자 중 제일 먼저 했던 것은 치아 교정이었다. 치아가 고르지 않아서 콤플렉스였지만 교정할 만큼 심하진 않은 데다 치아 교정 비용이 비싸서 엄두도 못 내던 걸 40세 가까이에 하게 되었다. 나이가 들으니 불규칙한 치아가 점점 더 신경 쓰였다. 2년 정도 걸린 치아 교정을 끝내고 났을 때 '왜 진즉 하지 못했을까.' 후회될 정도였다. 해외여행도 많이 다녔다. 시간과 돈이 많이 들어 자주 할 수 없었지만 여기저기에서 여행비를 모아가며 틈틈이 여행을 다녔다. 싱가포르를 시작으로 태국, 푸켓, 필리핀, 동유

럽, 터키, 다낭, 하와이, 이태리 등 해외여행을 다녔다. 여행의 묘미를 알게 된 난 가족과도 여행을 다니고, 친구들과도 국내 여행 곳곳을 누비면서 가고 싶은 데가 있으면 언제든 시간을 낼 준비를 한다. 작년에 환갑을 맞은 남편 친구 부부들과 보홀에 다녀왔고, 올봄에 큰아들 결혼을 시키고 두 아들 모두 '인륜지대사'를 잘 마친 기념으로 남편과 스페인 여행을 예약해 두었다. 우리 부부를 위한 보상이다.

작년엔 작은아들 결혼식을 앞두고 처음 성형외과에 발을 디뎌 쳐진 눈꺼풀을 수술하고 필러와 보톡스도 처음으로 맞아봤다. 50대 중년기에 처음 가본 성형외과였다. 조금 손을 대니 시야도 넓어지고 쳐진 눈꺼풀로 고개를 자꾸 드는 습관도 사라졌다. 밝아 보인다는 이들도 있고, 도시 여자가 됐다는 친한 지인도 있다. 몹시 걱정하며 조심스럽게 내린 결정인데 결과적으로 만족이다.

물 공포증으로 엄두도 못 내던 수영도 시작해서 지금은 거뜬히 열 바퀴를 쉬지 않고 돌아와도 숨이 차지 않을 만큼 쉬워졌다. 물론 자세도 엉성하고 배영, 접영은 여전히 어렵지만 전신운동에 무리되지 않는 데다 내게 잘 맞는 운동을 찾아 꾸준히 하고 있는 것에 의미를 둔다.

예전에 운전을 못 했을 때도 그랬다. 겁이 많던 난 절대 운전을 못 할 거라고 생각했다. 하지만 아파트 내에 들어온 운전면허 학원에 신청서를 내면서 얼떨결에 배운 운전이 벌써 20년이 넘어간다. 아이들 픽업에, 일하러 다닐 때, 돌아가신 아버지 아프실 때나 지금은 엄마 병원 진료 다닐 때 만약 운전을 못했다면 그 불편함을 어떻게 감수했을까 싶다.

 이런저런 경험이 늘면 경험치가 쌓이고 그 경험치는 내 삶을 이끌어가는 원동력이 된다. 뭐든 해보지 않으면 모른다. 모른 채 살아가도 문제는 없다. 하지만 그냥 사는 것보다 뭐든 해보면 에너지가 넘치며 활력을 주는 것만은 분명하다. 그것이 무엇이든 좋아하는 일이나, 원하는 것을 찾아 다음으로 미루지 말고 '지금 바로' 시도해 본다면 좋을 듯하다.

부러워도 지는 게 아니다

나는 진심으로 남이 잘되는 일이 기쁘다. 형제들은 말할 것도 없고 집을 넓혀간 지인들에게 축하를 보내고 친구들과 지인들 자녀들의 대학 입학 소식이나 취업 소식에 함께 기뻐하며 새롭게 일을 시작하거나 공부를 시작한 사람들을 응원한다. 그들이 잘 되면 내가 잘된 것처럼 더 기쁠 때도 있다. 언니들이 집을 마련했을 때나 조카들이 입사에 성공했을 때. 형부가 대장암 완치 5년이 됐을 때, 결혼 소식이 들릴 때 등 정말 기뻤다.

"사촌이 땅을 사면 배가 아프다"는 속담이 있지만 배가 아플 이유가 전혀 없다. 그저 약간의 부러움이 있을 뿐이다. 사촌이면 가까운 친척인데 잘되면 얼마나 좋은 일인가. 왜 남이 잘되는 걸 배 아파할까. 친한 친구가 녹지로 된 땅을 샀다가 개발 제한이 풀리면서 집을 지을 수 있는 토지로 용도 변경이 가능해져서 작년에 집을 짓기 시작해 완성했다. 싸게 산 땅이 크게 올라서 축하해 주었다. 친구 남편이 직접 집을 짓는 힘든 과정도 수시로 들려보는 우리 부부에게 관심 가져 주어서 고맙다고 했다. 진심으로 기뻐서 자꾸 마음이 가는 것뿐이다.

시기. 질투는 인간의 본성이다. 자신이 갖지 못하고 성취하지 못한 걸 남이 성취하면 솔직히 부러워하는 사람도 있다. 비교 의식에 사로잡혀 질투하는 이들이 있지만 모두 그렇지는 않다. 배가 아플 이유가 절대 없다고 생각하는 1인이다. 각자 처한 환경과 상황이 다르고 자기 수고 없이도 얻어진 사람도 있지만 절대 거저 얻어진 것이 아닌 경우가 더 많다. 성취하고 얻기까지 긴 시간의 수고와 노력이 동반되었음이 분명하다.

　부러움이 컸던 적도 있었다. 어릴 때는 형제가 적은 친구들이 부러웠다. 한 동네에서 친하게 지내던 한 친구는 남동생과 단둘이 남매였고, 한 친구는 오빠와 남동생 사이에 낀 고명딸이었다. 곱게 기른 머리를 땋거나 흰 피부를 가진 두 친구는 밖에서만 놀아 피부가 까맣게 타고 짧은 머리인 나와는 비교도 안 되게 곱게 자란 친구들이다. 막내인 남동생 덕분에 태어난 딸 부잣집 셋째에 오남매인 난 고명딸인 친구 집에 놀러 가면 혼자 쓰는 방과 부모님께서 사주신 책들과 학용품이 너무 부러웠다

　네 자매가 복작거리면서 아웅다웅하며 같이 쓰는 방과 언니들이 입다 물려준 옷과 학용품과 전과까지 나에겐 새것이 없었다. 하다못해 크레파스와 물감까지 같이 썼던 초등학교 땐 언니가 수업 끝나면 우리 교실에 가져다주곤 했는데 그게 너무 창피했다. 친구들이 볼까봐 눈치를 슬금슬금 보며 조심스럽게 받아왔다. 신기한 일제 학용품과 수십 가지 색의 크레파스. 색연필. 물감. 전집 동화책 등이 잔뜩 쌓인 친구들은 부러움의 대상이었다. 아이러니하게도 지금은 자매들이 많은 나를 친구들이 부러워한다. 자매들과 친구처럼 지내고 스스럼없고 힘들 때 한달음에 달려와 주는 자매들은 나의 자랑거리가 됐다.

중학교에 올라가서 교복 자율화가 되어 1년만 교복을 입게 됐다. 언니 교복을 물려 입은 난 흰 칼라에 검정 치마로 된 교복을 입을 때 친구들은 그 1년을 위해 체크로 된 새 교복을 맞춰 입었다. 전에 입던 교복과는 완전히 다른 디자인이었지만 자율화가 되기 1년 전이라 두 가지 교복을 다 허용했다. 화사한 교복을 입은 친구들이 부러웠다. 안 그래도 1년이면 끝날 교복에 대한 추억은 아쉬움과 안도감으로 끝나버렸고 교정에서 찍은 사진에 고스란히 남겨졌다.

고등학교 때 부러운 건 재능을 가진 친구들이다. 공부를 못한 편은 아니었지만, 글쓰기 빼고는 큰 재능이 없었다. 미술부에서 이젤에 그림을 그리고 전시회를 한 친구들의 그림 솜씨에 감탄했고, 피아노를 잘 쳐서 교회 반주하는 친구의 재능이 부러웠다. 돈 안 드는 공부나 하고 책을 읽고, TV에서 해주는 영화, 영화음악 등을 들으며 감상을 끄적거리다 보니 글 쓰는 즐거움을 갖게 되고, 학창 시절 글쓰기 대회 상을 휩쓴 것은 그나마 운이 좋았던 일이다.

지금은 외국어를 자유롭게 구사하는 사람이 부럽다. 영어가 기본이라 세계 곳곳을 자유롭게 여행 다니는 사람들과 아들, 며느리를 보니 부럽다. 영어 울렁증은 과감히 자유여행을 할 수 없게 만든다. BTS 천재 멤버 RM은 미국 청소년 드라마를 보면서 영어를 독학했다는데 그런 천재적인 머리도 없고 학창 시절 6년이나 배운 문법 위주의 영어는 그나마도 쓰지 않으니 다 잊어버렸다.

두 아이들에겐 자유롭게 영어를 구사하기 위해 큰형님이 계신 필리핀으로 초등학교 때 2년간 홈스테이를 보낸 건 지금 생각해도 잘 한 일이다.

영어 구사를 자유자재로 하는 젊은 세대는 어학연수. 교환 학생. 워킹홀리데이 등 기회도 많이 갖고, 영어가 필수인 세대이다 보니 대부분 자유여행을 간다. 영어 구사가 자유로운 것도 두려움이 없는 용기도 부럽다. 무식해도 용감하면 되는데 용기조차 없는 난 그저 패키지여행으로 만족한다. 운전도 지역 운전만 가능해 맘먹고 고속도로 한번 타 보지 못하니 '우물만의 개구리' 신세를 벗어나지 못하는 처지이다. 그렇게 용기 없는 것을 누구를 탓하랴.

"부러우면 지는 거라는 말이 있다." 부러워하지 말라는 뜻이지만 어떤 작가님은
  "마음껏 부러워해서 그걸 성취하라."
라고 했다. 부러움은 자신을 성장시킬 수 있는 동기부여가 될 수 있다는 말로 그에 공감했다. 요즘은 글을 잘 쓰는 사람들이 부럽다. 격조 높은 글을 쓰는 사람들을 보면 위축되기도 하지만 도전되기도 한다. 계속 마음껏 부러워하면서 이런저런 시도를 하라며 스스로를 격려한다.

10월의 어느 멋진 날

작년 늦가을에 남편이 육십갑자의 한 갑자가 다시 돌아왔다는 뜻의 환갑을 맞았다. 내겐 아직 30년 전 결혼할 때 그 모습 그대로인 것 같은데 어느덧 환갑이라니…. 30년을 함께 가정을 이루고 살면서 듬직한 두 아들을 키우며 희로애락을 함께 한 남편이 환갑을 맞으니 감회가 새로웠다.

예전에 아버지의 환갑잔치를 성대하게 치렀던 기억이 났다. 많은 이들의 축복을 받을 만큼 장수의 의미를 담긴 기쁜 날이 환갑이었는데 이제 백세시대가 되면서 칠순, 팔순 잔치도 하지 않는다. 가족끼리 소소하게 보내고 있는 환갑이 보통의 생일과는 다른 의미인 건 분명하다. 젊을 때보다 나이가 들수록 중후한 멋이 더해가는 남편은 나이에 비해 젊어 보인다. 자기 관리도 잘하는 편이고 꾸준한 수영 덕분이다. 옆에서 내가 맘 편하게 해준 덕분이라며 우스갯소리를 던지면 "맞다"고 맞장구를 쳐준다. 부창부수이다. 남편은 책임감이 강하고 성실하다. 25년 회사에서 근무하고 명퇴할 때까지 새벽 출근에도 말없이 소임을 다했다. 퇴사하고 힘든 일은 없었냐는 질문에 왜 없었겠냐고 하면서 힘든 일 다 말하면 해결되지도 않는데 같이 고민하면 뭐하겠냐고 했다.

고충이 없지 않은 걸 알기에 말없이 묵묵히 감당해낸 남편이 늘 고맙다. 26년간 일한 회사에서 명퇴할 때는 정말이지 그동안

고생했다며 감격의 눈물이 났다. 1년을 쉬고 재취업에 성공 하면서 7년 넘게 일하고 있는 것도 고맙다. 뭐든 성실하게 책임을 다하는 남편이다. 한층 시간적 여유가 있고, 맘도 편하고, 아직 사회생활을 하고 있으니 이보다 더 좋을 순 없다. 올곧고 강직한 남편은 아이들에겐 다정한 아빠였고, 내겐 자상한 사람이었다. 부모님보다 함께 한 시간이 더 많은 남편, 누구보다 가족을 아끼고 헌신을 다해준 남편, 기쁘나 슬프나 함께 감당하며 옆에 있어준 남편, 부모 형제에게도 지금까지 마음을 잘 써 주는 남편을 만난 건 내 인생 최고의 행운이다.

우리 가족과 양가 형제들만 초대해 뷔페 룸에서 간단히 식사를 했다. 형제들도 환갑 때 모여 식사했고 두 아들의 며느리를 맞은 터라 마련한 자리였다. 팔순이 넘으신 두 어머님들께서 가장 흐뭇해하셨다. 아들만 넷인 어머님은 셋째 아들까지 환갑을 맞으니 감격하신 듯했다. 살아온 인생이 주마등처럼 지나가셨으리라.

어머님은 셋째인 남편을 많이 의지하셨다. 큰아들을 정신적으로 의지하셨다면 세밀하게 필요를 채워준 딸 같은 아들인 남편은 마음으로 많이 아끼셨다. 그런 아들이 환갑을 맞아 두 손주와 손주며느리를 맞게 되었으니 내심 감격스러워하시는 모습이 보였다. 좌청룡 우백호처럼 양쪽에 든든한 두 아들과 예쁜 두 며느리까지 세상을 다 얻은 것 같은 기쁨이었다.

인생은 60부터라며 행복하고 건강하시란 현수막에 사진까지 넣어 제작해 벽에 걸어두고, 맞춤 주문한 케이크에는 아빠 생일을 로또 번호로 새겨서 로또 케이크를 만들고, 꽃다발 상자 안에 꽤 많은 현찰 선물을 준비했다. 잘 커준 것만으로도 고마운데 세밀하게 아빠 생일을 준비해준 두 아들에게 너무 고마웠다. 결혼을 앞둔 큰며느리는 요즘 입기 적당한 바람막이를, 작은 며느리는 남편의 출퇴근용 가방을 선물해주었다. 두 사돈께서 보낸 와인과 상품권까지 과분한 사랑을 받았다.

가장 기쁜 선물은 결혼한 며느리가 남편을 위해 김동규 씨의 '10월 어느 멋진 날에'란 노래를 바이올린으로 연주해준 일이다. 간호사 일로 바쁜 데도 틈틈이 연습해서 서프라이즈로 준비한 일이었다. 나만 알고 있었고 남편에겐 비밀로 해두고 가족들 앞에서 연주를 선사해 감동을 선사했다. 바이올린 선율이 너무 아름다워 남편은 눈물까지 흘렸다. 모든 게 감사한 순간이었다. 모든 순서가 끝나서 남편에게 인사를 전하라고 했지만 울컥하고 쑥스러워 못하겠다고 해서 내가 대신 아들들과 두 어머님, 형제들에게 감사 인사를 전했다. 두 시간 동안 화기애애한 분위기였다. 살면서 이토록 기쁘고 감격스러울 때가 있을까. 아들들이 결혼하니 그 몫을 해내고 있어 너무 든든하다. 대가를 바라고 자식을 키우는 건 아니지만 자식을 키운 보람이었다. 나이 드는 것도 나쁘지만은 않다.

집에 돌아와서 노래를 찾아보니 "살아가는 이유 꿈을 꾸는 이유, 모두가 너라는 걸, 네가 있는 세상 살아가는 동안 더 좋은 것은 없을 거야. 10월의 어느 멋진 날에."라는 가사까지 너무 뭉클하고 마음에 들었다.

"너희의 젊음이 너희의 노력에 의해 얻은 상이 아니듯, 내 늙음도 내 잘못으로 얻은 벌이 아니다." 이적요 작가가 쓴 "은교"에 나온 글이다. 나이 드는 것은 두려운 일이 아니다. 열심히 살았으니 한층 여유를 부려도 좋을 나이가 됐고, 그렇게 되기 위해 젊음을 허비하지 않는 것이다. 젊음도 늙음도 누구에게나 지나가는 한순간의 일일 뿐이다.

환갑 전후로 두 며느리까지 맞게 된 남편과 나의 30년 결혼 생활이 너무 값진 보상으로 다가와서 가슴 벅차게 기쁜 10월의 어느 멋진 날이었다.

추억의 소리

남편은 흰 모찌떡을 참 좋아한다. 말랑말랑한 표면에 팥이 들어 쫄깃쫄깃한 찹쌀떡을 좋아하는 남편과 달리 난 팥이 들어간 떡을 별로 좋아하지 않는다. 가래떡이나 절편 등 아무것도 안 들어간 떡을 좋아하고 꿀떡처럼 단맛의 떡, 모시떡처럼 동부가 들어간 떡, 찹쌀떡처럼 팥이 들어간 떡은 달아서 즐기지 않는다. 남편과 내가 좋아하는 음식이나 취향까지 참 많이 다르다. 다른 것도 이해하지만 같은 취향이 없을 때마다
"우린 로또 부부야. 참 안 맞아."
라고 해서 박장대소를 한 적이 있다.

어릴 때 밤이면 찹쌀떡 장사들이 많이 다녔다. 특히 밤이면 동네가 떠내려가게
"찹쌀떡, 메밀묵~~ 찹쌀떡, 메밀묵"이라고 외치는 그 소리가 울려 퍼질 때면 먹고 싶다는 생각보다 '이 겨울밤에 얼마나 추울까?' 하는 생각과 함께 때론 구슬프게도 들리는 그 소리를 들을 때면 '누구라도 사주면 좋겠다'라거나 '많이 팔렸으려나' 하는 걱정이 괜스레 들었던 기억이 난다.

지금은 들을 수 없는 추억의 소리가 되어버렸다. 겨울이 되면 낮에는 군고구마나 군밤 장사에 붕어빵 장사를 손쉽게 볼 수 있었다. 퇴근길 아버지들의 손엔 군밤이나 붕어빵이 자주 들려 있었

다. 그 간식을 먹일 가족이 있는 집으로 몸을 움츠리며 종종걸음을 걷는다. 집 앞 슈퍼에 가면 김이 모락모락 나는 호빵은 입맛을 당겼고 겨울의 별미 간식이 되었다. 포장마차에서 먹는 어묵 한 꼬치와 떡볶이도 추운 겨울에 몸을 녹이는데 제격이었는데 지금은 흔히 볼 수 없어 가끔은 아쉬운 마음이다.

요즘은 붕어빵 찾기도 힘들고 군고구마에 군밤 장사를 보기가 힘들다. 먹거리가 풍부해진 데다 길거리 음식을 먹을 일이 없다. 집에서 어플로 주문만 하면 떡볶이부터 김밥, 만두까지 모두 주문이 가능하고, 쾌적하고 따뜻한 편의점에 가면 출출한 배를 채울 수 있는 간식거리가 수두룩하기 때문이다. '김떡순' 가게조차 찾기 힘들다. 집 근처면 어디든 있었던 김밥, 순대, 떡볶이에 어묵이 사라졌다. 가장 먹기 쉬운 산식인데 지금은 연기 떡볶이에 로제 떡볶이 등 예전에 비해 다양해진 메뉴들에 밀려 흔했던 밀떡이나 쌀 떡볶이를 파는 곳이 별로 없다. 재래시장이나 광장 시장에 갔더니 그런 떡볶이를 먹을 수 있어 반가웠다. 맛은 추억의 맛 그대로였다.

사회가 변하면서 간식 문화도 바뀐다. 겨울밤이면 들리던 찹쌀떡 소리를 우리 아이들 세대는 절대 알지 못하겠지만 어쩐지 추억의 소리 하나쯤은 갖고 있지 못한 것이 좀 아쉽다. 아니면 나름 어떤 감성의 추억의 소리를 갖고 있는지 궁금하기도 하다.

빌레와 너드랑

 제주에 가면 꼭 찾는 집이 있다. 집 밥 같은 느낌의 '웰빙' 식당이다. 조천읍에 위치한 이 식당은 점심만 식사가 가능한 곳이라 주로 올 때나 공항 갈 때 아니면 시간을 맞추기가 어렵다.
 처음 지인의 소개로 가게 되었는데 세계 유산인 〈거문 오름〉을 예약해 두어 올라가기 전에 거문 오름과 가까운 그곳에서 점심을 먹었다. 2층으로 된 외관이 아담하고 예쁜 데다 안은 테이블이 많지 않은 좁은 식당이다. 2층은 40년 함께 사신 노부부가 거주하는 집이다. 식당 밖으로는 정자가 있어 차를 마시실 수 있다. 그 옆으로는 크고 작은 항아리로 가득한 장독대가 있다. 참 정겹고 푸근하고 아담한 정경이다.

 이 식당을 좋아하는 이유는 정갈하고 건강한 밥상 덕분이다. 간이 세지도 않고 적당하며 10가지 밑반찬 모두 맛깔 나는 나물과 버섯이며 거기에 참돔 새끼를 구운 생선이 입맛을 제대로 돋운 건강식이다. 아들이 가기 전에 어떤 식당인지 묻자마자 '웰빙' 식당이라고 했더니
 "웰빙은 맛없는데."
 하길래 일단 가보면 생각이 달라질 거라고 말했다. 다 먹고 나더니 모두가 만족해했다. 자긴 나물 싫다면서 들깨 수제비를 시키고는 참돔이 맛있다고 해서 내 밥의 반 공기를 덜어주었더니 뚝딱 먹었다. 남은 나물이 많아 밥 한 공기를 더 시켜 고추장에 참

기름까지 넣어 비벼 다 같이 먹으니 별미였다. 반찬까지 싹 비워 낼 만큼 흡족하고 푸짐한 식사였다.

좋아하는 이유로는 식당 이름도 한몫을 한다. 갈 때마다 "빌레와 너드랑"이 무슨 뜻이냐고 어르신께 여쭌 것 같다. 그러자 묻는 사람들이 많은지 집 경관을 스케치한 종이 아래에 부부의 사연을 써놓으시고는 코팅을 해서 붙여놓으셨다. '빌레'는 제주 방언으로 땅에 박혀 있는 커다란 '바윗돌'이란 뜻이고 '너드랑'은 경상도 방언으로 높은 산자락에서 떨어져 나온 '돌'이란 뜻이다. 할아버지는 제주도 토박이시고 할머님께선 경상도 토박이로 만나 40년을 함께 사신 분들이다. 식당 이름도 너무 마음에 들지만 서로 다른 지역에 사시던 두 분이 만나 제주에서 자리 잡고 맛있는 음식으로 손님들을 정겹게 맞고 계신 모습이 참 푸근하다. 자연과 조화를 이루고 있는 식당도 아름답고 깔끔하고 정갈한 반찬도 맘에 들어 제주에 갈 때마다 찾고 싶게 만든다.

제주에 오래 살던 가수 '이효리' 씨 이야기를 잠깐 들려주셨다. 예전에 활동 전엔 부부가 자주 와서 식사하러 오면 그 모습이 너무 평범하고 꾸미지 않는 소박함에 연예인 같지 않았는데 무대만 올라가면 딴 사람이 된다고 하셨다. 요즘은 활동이 늘면서 자주 못 온다고 아쉬워하셨다. 지난번에 왔을 때 이효리 씨의 입양 권유로 맡겨진 두 강아지 검둥이와 흰둥이가 잘 있는지 보려고 밖으로 나갔더니 흰둥이밖에 없었다. 검둥이는 탈출했다고 했다. 그땐 작은 강아지였는데 몰라보게 커져 있었다. 우리 아들들은 이효리 씨가 맡긴 유기견이란 말에 신기해하면서 귀엽다고 사진까지 찍었다. 공인 한 사람의 영향력이 선하게 나타나니 좋아보였다. 요즘은 마약에 음주 운전에 자살 소식 등 연예인들의 안타까운 소식이 끊이지 않아 씁쓸하다.

 식당에서 나오면서 다음에 또 들린다고 건강하시라고 인사를 전하고 나왔다. 이번에는 아드님이 농사짓는다는 귤까지 맛보고 한 박스 사서 택배로 받았는데 다른 곳보다 훨씬 저렴하면서도 맛있었다. 식당에서 나와 꼭 가보고 싶었던 박수기정을 가니 너무 멋졌다. 해안 절벽으로 샘물을 뜻하는 '박수'와 절벽을 뜻하는 '기정' 이 합쳐진 말로 '깨끗한 샘물이 솟아나는 절벽'이란 뜻이다. 중문의 주상절리만큼 아름답다. 박수기정 앞으로 멋진 경관과 어우러진 카페에서 쉬며 아들들이 장가가기 전에 함께 하며 이런저런 얘기를 많이 나눈 더 특별한 가족 여행이 된 것 같아 흐뭇했다.

 이번에 네플 드라마로 인기를 끌었던 〈폭싹 속았수다〉의 배경도 제주여서 다시 제주를 찾는 사람들이 늘고 있다는 반가운 소식이 들렸다. '폭싹 속았수다'는 수고가 많았다는 뜻이고, 청춘의 사랑을 그린 〈맨도롱 또똣〉은 '기분 좋게 따뜻한' 이란 뜻의 제주 방언이다. 그 외에도 〈우리들의 블루스〉나 〈웰컴 투 삼달리〉라는 드라마 배경이 되기도 했다. 아름다운 경관과 함께 할망(할머니), 할아방(할아버지), 아방(아버지), 어망(어머니), 놀멍놀멍(천천히), 과랑과랑(쨍쨍) 등 독특한 제주 방언을 알리는 데도 한몫했다.

우리나라가 더 아름다운 이유는 계절마다 다른 제주가 있는 덕분이다. 봄에는 유채와 벚꽃. 여름에는 에메랄드빛 바다. 가을에는 억새. 겨울엔 눈 덮인 한라산. 올레길 열풍도 아름다운 경관의 카페도 산과 바다. 오름과 숲. 우도. 가파도. 마라도 섬까지. 어디 하나 빼놓을 곳이 없이 갈 곳도 볼 곳도 먹을 곳도 많은 제주여서 올 때마다 또 가고 싶게 만드는 매력이 가득한 제주이다.

딩크족

수영을 다니면서 친해진 나이대가 30대 중반쯤 보이는 젊고 활발한 지인에게 겨울 방학이 시작되면서 아이들 챙기느라 바빠졌겠다고 하자
"저희 딩크예요."
항상 밝고 당당해 보이는 그 모습 그대로 해맑게 대답했다.
"아. 그래요.' 결혼한 지 몇 년 됐어요?"
10년 됐다고 했다. 부모님들께선 반대하시지 않았는지 물어보니 처음엔 반대했지만, 지금은 이해하신다고 했다. 그러면서도
"시부모님께는 좀 죄송하지요."
라고 했다.

이제 시어머니가 되어 아이를 낳지 않고 딩크족으로 살겠다고 말한다면 솔직히 '쿨' 하게 허락할 자신이 없다. 반대할 게 분명하다. 아이가 없으면 어떠냐고 물었더니 너무 좋다는 거였다. 놀러 가고 싶은데 자유롭게 다니고 구속받지 않으니 편하다고 했다. 앞으로도 마음이 바뀔 것 같지는 않다고 덧붙였다. 딩크족이 늘었다는 건 알았지만 주변에서도 쉽게 본다. 1980년대 후반부터 등장한 단어로 미국에서 맞벌이 무자녀 가정이란 새로운 가족 형태가 이제 우리나라에서도 아이 없이 둘만 살자는 딩크족 부부를 쉽게 볼 수 있게 된 것이다.

자기애가 너무 강한 세대가 결혼을 하면서 자기 사랑을 포기하고 싶어 하지 않는다. 그동안 누렸던 것들을 그대로 누리고 육아에 드는 비용과 수고가 헛되다고 생각한다. 희생을 감수하고 싶지 않고 육아 비용 대신 자신들에게 투자하며 인생을 즐기면 된다는 신조를 갖고 있다. 그런 가치관은 수고와 희생을 회피하고 자식이 걸림돌이 된다고 생각하는 것이다. 맞벌이 가정이 아님에도 자유롭게 살고 싶어 하는 젊은이들로 초저출산 현상이 심각한 사회문제로 대두되고 있다.

만혼과 불임으로 간절히 아기를 바라는데도 생기지 않아 애타는 부부를 그동안 많이 봐 왔다. 인공수정 두 번 끝에 소중한 딸을 10년 만에 얻고 삶의 기쁨을 찾은 한 부부. 결혼 8년 만에 아이가 생겨 늦둥이 아들을 키우는 친한 친구. 그들이 아이가 생기지 않았을 때의 애타는 마음을 옆에서 오랫동안 지켜봤던 나로선 딩크족이 이해가 안 된다. 그들의 달라진 가치관이고 세대가 다른 젊은이들의 생각과 태도를 꼰대처럼 뭐라고 할 수는 없지만 자식이 주는 행복이 크다는 걸 말해주고 싶다.

자녀를 키우는 건 수고와 희생이 동반 된다. 10년 이상은 한시도 눈을 뗄 수 없고 눈코 틀 새 없이 바쁘고 육체적으로 힘든 수고가 동반된다. 그 후 10년은 사춘기에 학업 성적에 아이들 진로에 정신적으로 힘든 시기를 감당해야 한다. 대학을 가서야 그나마 자유를 얻지만 아들들 취업 준비하는 것을 보면 같이 긴장한다. 사실 어찌 보면 끝이 없다. 그 긴 시간은 힘들지만 충분한 보상을 준다. 아이들이 커가는 걸 지켜보며 행복한 시간을 누리고 맘껏 줘도 아깝지 않은 사랑도 경험한다.

사랑의 결실로 맺어진 아이들을 함께 양육하며 부부 사이는 더 끈끈해질 수밖에 없다. 아이들로 인해 희로애락을 겪으면서 단단한 가족이란 울타리가 된다. 아이들이 없으면 갈라설 부부가 대부분일 거라고 여자들은 말한다. 부모로서 책임을 다하고 수고와 헌신도 아깝지 않은 것은 아이들에 대한 사랑이 있어 가능하다. 그건 한 번 사는 인생에서 누리면 좋을 충분한 가치이다.

낳더라고 한 자녀만 낳아 예쁘게 키우면 된다는 젊은 부부도 많아 둘째 계획을 물으면 대부분 없다고 답한다. 한 때는 증가하는 인구로 출산 제한 정책까지 권장하던 우리나라가 맞나 싶다. 외할머니 자녀는 여덟 자녀. 엄마는 다섯 자녀. 난 두 자녀. 다음 세대는 무자녀가 될 수 있다고 생각하니 위기감을 느낀다. 인구가 줄면 나라의 존폐위기가 찾아온다. 이미 저 출산 고령화가 시작되면서 출산율이 0.6명이란 초저출산 통계에 놀라고 OECD 국가 중 최저이다. 미래에는 노동인구도 줄고 고령화로 늘어나는 세금을 젊은이들이 감당할 수 없게 되면서 경제도 국방도 국력도 모두 무너진다.

프랑스에서는 인구 정책의 하나로 결혼하지 않은 부부도 사실혼 관계로 인정해 모든 혜택을 주고 미혼모 자녀도 불이익 전혀 없이 키우게 한다. 자녀가 있는 부부의 출퇴근을 탄력적으로 조정해 등하교를 시키며 아이들 양육의 어려움을 사회와 국가가 적극적으로 나서서 줄이다 보니 인구가 늘고 있다고 한다. 육아 축하금을 주어 출산을 장려하는 기업도 있지만 여전히 육아 휴직조차 눈치 보이고 퇴사를 종용당하는 기업도 있다. 기업과 국가의 실효성 있는 대책이 시급하다. 저출산 대책에 열심히 예산을 쏟아 붓고 있지만 현실과 동떨어진 정책이어선 안 된다. 젊은이들의 인식이 먼저 바뀌고 실질적인 효과가 나타날 수 있는 정책이 필요할 때이다.

딩크족을 가까이에서 만나 보니 생각을 바꿀 의지가 전혀 없어 보인다. 씁쓸했다. 저출산 시대 우리 앞날이 현실로 다가온 것 같은 우려와 자녀들이 주는 무한한 행복을 누리면 좋을 텐데 하는 아쉬움이 함께 했다. 우리나라 현실이 정말 심각하게 우려되지 않을 수 없다.

이상형과 배우자

　토크쇼 등에서 연예인들을 불러놓고 이상형이 뭐냐는 질문에 난감해 하는 것을 본다. 이상형 월드컵을 진행하면서 둘 중 이상형에 가까운 사람을 고르느라 고민하는 걸 보면서 시청자들은 환호한다. 현실에선 절대 만날 수 없으니 대리만족을 하는 것이고 이상형은 이상형일 뿐 이상형대로 만나기가 쉽지 않다는 걸 경험하기 때문이다. 결혼 적령기가 된 큰조카도
　"마음에 드는 남자를 만나기가 왜 이렇게 어려운 거야?"
　라고 하소연을 하면 눈을 조금 낮추라고 조언한다.

　작년 봄에 작은아들이 결혼을 하고 며느리를 맞을 때 기분이 남달랐다. 안사돈과 몇 번 만나 대화를 나누었을 때 딸과 안사돈의 결혼 첫 번째 조건이 믿음 있는 사람이란 말을 듣고 놀랐다. 나도 아들 배우자 기도할 때 믿음 있는 가정에서 자라 신앙을 가진 아가씨를 만나기를 기도했다. 기도한 바람대로 이루어져서 참 기뻤는데 며느리의 1순위도 같았다니 감사했다.

　두 번째 조건이 키가 큰 남자라고 했다. 아들 키가 182cm이니 그 조건도 맞았다. 군대 제대하고 대타로 나간 미팅에서 만난 여자 친구였다. 마음에 들어 대시하고 5년을 사귀었다. 난 신앙이 있다는 것과 간호학과 학생이란 사실이 마음에 들었다. 만나보니 예쁘고 순수하기까지 해서 가족이 되기 전부터 좋았다.

큰아들의 이상형은 대화가 잘 통하는 친구였으면 좋겠다더니 대학 동기 동갑 여자 친구와 사귀게 되었다. 동기이니 당연히 친했을 테고 얘기가 잘 통한다며 친구에서 연인으로 발전했다. 전자공학과에서 탑으로 졸업했을 만큼 똑똑한 친구였다. 만나보니 아담한 키에 마른 체형이었다. 180cm인 아들과 같이 있으니 차이가 많이 났지만 작고 귀여워서 너무 잘 어울렸다. 연애하면서 한 번도 싸우지 않았다고 할 만큼 서로 잘 맞추고 배려하며 3년 동안 사귀고 올봄에 결혼을 앞두고 있다. 예비 며느리 집안은 천주교여서 종교도 크게 다르지 않아 두루두루 감사했다. 마음에 드는 이상형의 배우자를 만나는 것은 쉽지 않고 결혼도 잘 하지 않으려는 세대이다. 일찌감치 결혼을 결심하게 만든 배우자를 만난 두 아들에게 고맙다.

이상형은 이상형일 뿐이라지만 나름대로 기준은 있다. 나의 결혼 배우자 이상형은 'music' 형이었다. 고등학교 때 정한 나의 기준이었다. M은 'manner'로 예의 바르고 친절한 남자. U는 'humor'로 재치와 유머 감각이 있는 남자. S는 'smart'로 단정하고 깔끔한 남자. I는 'intelligent'로 똑똑하고 지적인 남자. 마지막 C는 'christian' 믿음이 있는 신앙인이었다.

어느 날 혼자 재미로 'music'이란 영어 단어를 쓰다가 앞 글자에 내 이상형을 붙였더니 딱 맞았다. 졸업하고 구체적으로 기도했다. 지금의 남편은 대학 3학년 때 교회에서 만난 오빠였다. 매너도 좋고 재미도 있고 깔끔하며 지적인 사람이라 내 이상형에 가까웠다. 남편과 5살 차이가 난다. 재수를 하고 군대에 늦게 가서 제대한 남편을 청년회에서 만났다. 군대를 일찍 갔다면 이미 사회생활 해서 공감대가 달랐을 것이다. 마침 제대하고 4학년 복학 전이고 난 대학 3학년이었다. 교회에서 자주 만나다 보니 차츰 호감이 생겼다. 남편을 두고 내 배우자인지 구체적으로 알게 해달라고 기도했고 그 응답이 학보였다.

학기 초에 남편이 학교로 학보와 함께 편지를 보내면서 기도 응답임을 확신했다. 처음엔 안부와 일상적인 편지였지만 학보를 계속 주고받으면서 5월 축제 때 놀러오란 말을 듣고 본격적인 연애가 시작됐다. 졸업 후 사회생활 2년까지 4년을 만나고 결혼해서 지금까지 30년을 살고 있으니 참 감사하다.

지금 생각해도 신기한 건 이상형과 배우자가 일치했다. 곱상하거나 잘생긴 남자는 처음부터 부담스러워 싫었지만 키는 컸으면 좋겠다고 생각했다. 이상형대로였다. 살면서 더 자상하고 박식하고 손재주가 많은 남편을 배우자로 선택한 나의 안목을 칭찬한다. 누구를 만나느냐는 여자나 남자의 인생을 크게 좌우한다. 수많은 일들을 겪는 삶에서 부부가 서로 배려하고 협력하고 존중하며 살지 못한다면 가정생활이 힘들 수밖에 없다.

아들 둘을 낳고 가정생활을 하면서 함께 이룬 것들을 돌아보면 감회가 새롭다. 이제 아들 결혼까지 시키니 부모로서 큰 숙제를 잘 마친 기분이다. 그래서인지 요즘 들어 남편한테 고맙다는 표현을 자주 한다. 남편 역시도 지금까지 열심히 살아왔다며 다독여준다. 일찍부터 생각했던 이상형과 구체적인 배우자 기도는 지금 생각해도 가장 잘한 일이다.

부부=신뢰

부부간에 가장 중요한 것은 신뢰이다. 신뢰가 깨지는 순간 부부 사이는 금이 가고 한번 깨진 조각을 다시 붙이기는 힘들다. 부부 문제는 부부만 안다는 말이 있다. 사실이다. 겉으로 잉꼬부부 같던 부부도 사실 쇼윈도 부부였다는 사실에 놀라고, 금슬 좋은 줄만 알던 부부가 서로 외도를 하고 있고, 다정하던 부부 사이에 가정 폭력이 있었다는 사실을 알게 되고, 졸혼과 이혼을 하는 등 '열 길 물속은 알아도 한 길 사람 속은 모를 일'들이 부부 사이엔 특히 많이 일어난다.

얼마 전 종영한 드라마 〈굿 파트너〉 와 최근 읽은 '조우성' 작가님의 〈한 개의 기쁨이 천 개의 슬픔을 이긴다〉 는 에세이 중에서도 배우자의 외도로 신뢰가 깨진 부부를 보며 사랑해서 결혼했는데 왜 그 마음이 변질되어 남보다 못한 사이가 되는 건지 '에효~' 하며 나도 모르게 한숨이 나왔다. 드라마의 작가님도 실제 이혼 전문 변호사시고 책의 작가님도 25년 차 변호사님이라 드라마를 보고 책을 읽어본 사람은 알 테지만 실제 이야기라서 더 리얼리티 했다.

드라마에선 잘 나가던 이혼 전문 변호사가 남편의 외도로 이혼 소송을 진행하면서 양육권 싸움을 하는 사건이 나온다. 변호사로 바쁜 아내를 대신해서 딸의 육아를 도맡던 남편이 지쳐가면서 아내와 친밀한 직원과 외도를 하고 두 집 살림까지 하다가 결국 들킨다. 아내는 딸아이 때문에 이혼을 하고 싶어 하지 않았지만 뻔뻔하게 먼저 이혼을 요구하던 남편이 양육권까지 가져오려고 하자 소송으로 이어진다. 딸이 엄마를 선택함으로써 남편이 소송에서 졌지만 아빠이기를 끝까지 포기하지 말라며 남편에게 좋은 아빠가 될 기회로 언제든 만날 수 있게 허락한다. 아빠와 유독 친밀했던 딸이어서 아빠를 더 용서할 수 없었지만, 그 빈자리가 너무 컸는지 오열하는 장면이 마음 아팠다. 부모의 이혼은 아이에게 씻을 수 없는 커다란 상처를 남긴다. 어른들의 잘못된 선택과 행동은 자녀들에게 큰 혼란을 주고 가족 간의 신뢰가 깨지지만 또 다른 형태의 가정으로 살아간다는 아픈 상흔을 남겼다.

에세이에서는 대출 과정에서 고객에게 3천만 원의 리베이트를 받은 혐의로 구속된 은행 지점장 남편을 무한 신뢰하던 부인 이야기가 나온다. 부인은 남편의 결백을 증명하려고 변호사를 만나고 뭐라도 도움 되는 것을 찾으려고 공무용 차 안을 살펴보다가 남편이 돈을 받은 증거와 내연녀에 그 돈으로 비싼 선물을 주고 여행까지 다녀온 것을 알고 남편의 위선에 치를 떤다. 결국 부인은 법정에서 남편에게 불리한 증언을 해서 진실은 밝혀지고 남편은 구속되며 이혼 결심까지 하게 된 사건을 소개했다. 글의 제목은 '남편의 완벽한 가면'이었다.

두 부인이 당했을 심적 고통을 상상하면 아무리 강심장이고 너그러운 사람이라고 해도 용서하지 못할 것이다. 부부는 누구보다 존중과 신뢰의 관계이다. 모든 걸 함께 공유하진 않더라도 서로 침범하지 않는 영역과 존중할 건 존중하되 절대로 추악한 비밀을 만들어선 안 된다. 혼자가 아닌 둘이기에 외롭지 않고 협력하며 자녀들을 잘 키워낸 가장 친밀하고 가까운 사이가 부부이다. 물론 모두 그렇진 않더라도 이제 몸도 마음도 약해지고 자녀들이 독립할 때 옆에 남는 사람도 부부 뿐이다. 아름답게 해로하고 싶다면 부부=신뢰라는 공식을 끝까지 지켜야 한다. 그건 의리이자 소중한 약속이며 행복의 지름길이다.

부부 상담 전문가인 '존 고트먼' 워싱턴대학교 교수는 "행복한 관계를 지속하기 위해선 긍정적인 말을 부정적인 말보다 다섯 배 정도 더 많이 해야 한다."라고 강조했다. 교수는 700쌍 이상의 부부를 비디오로 촬영해서 부부의 대화를 분석해 행복한 결혼 생활과 이혼을 결정짓는 가장 중요한 변수를 찾아냈다. 그것은 주고받은 긍정적인 대화와 부정적인 대화의 비율이었다. 금슬이 좋은 부부는 비난이나 무시와 같은 부정적인 말을 한 번 했다면 격려나 칭찬과 같은 긍정적인 표현을 적어도 다섯 번 이상 했다. 반면 긍정적인 대화와 부정적인 대화의 비율이 5:1 이하로 떨어지면 결혼 생활에 금이 가기 시작했다. 부부의 기본은 신뢰뿐 아니라 말에도 담겨있다.

류시화 시인의 〈물안개〉란 시가 떠오른다.

[세월이 이따금 나에게 묻는다
사랑은 그 후 어떻게 되었느냐고

물안개처럼 몇 겹의 인연이라는 것도
아주 쉽게 부서지더라]

쉽게 부서지지 않는 사랑이길 바란다.

me before you의 사랑

조조 모예스 장편소설이자 영화화 되어 큰 인기를 끌었던 〈미 비포 유〉는 내 인생 영화 중 하나이다. 보통 한 번 본 영화는 잘 안 보는 데도 이 영화는 몇 번을 봤는지 모른다. 개성 넘치는 루이자와 전신 마비가 된 윌이 만나 6개월 동안 서로의 동반자가 되면서 서서히 마음이 열린다는 내용의 영화이다. 실업자가 되면서 간병인이 된 루이자로 인해 조금씩 변화하며 사랑에 빠진 윌이지만 끝내 마음먹었던 존엄사를 선택한 주인공의 슬픈 사랑을 그렸다.

처음엔 윌이 이해가 안 되었다. 모든 것을 가졌으나 모든 것을 잃어야했던 윌로선 살아야 할 가치를 잃었을 것이다. 너무 완벽했기에 그 상실감과 허탈감도 견딜 수 없었을지도 모른다. 하지만 생명은 고귀하다. 예전에 누리던 것을 누리지 못한다고 자신을 무가치하다고 여겨서도, 삶을 쉽게 포기해서도 안 된다. 처절하지만 생존을 위해 고군분투하며 살아가는 사람들도 많다. 반신불수가 되어 장애인이 된 한 유튜버도 오랜 재활 끝에 활력을 되찾아서 오히려 비장애인에게 용기와 희망을 주고 있다. 처음엔 견디기 힘들었던 일들도 하나씩 해내면서 자신감을 찾게 되었고, 너무 아름다운 사랑의 결실까지 맺어 많은 이들의 응원을 받았다. 루이자와 함께 하면서 그런 삶을 누리기를 포기한 윌이 나약한 사람 같았다. 물론 당사자가 되어보지 못한다면 감히 그 고통을 이해할 수는 없지만 루이자라면 그의 얼굴에 계속 환한 웃음을 줄 수 있을 것 같아 아쉬움이 남는 결말이었다.

갑자기 전신마비 장애가 되어 까칠한 성격으로 변해 버린 남자를 간병한다는 점에서 〈언터처블:1%의 우정〉이란 영화와도 유사하지만, 그 영화는 필립이란 부호와 흑인 간병인 드리스와의 우정을 보여주었다. 〈언터처블〉에선 평범하게 대해주면서도 새로운 간병인이 그가 장애라고 포기하던 일을 하게 해주면서 마음이 열렸다면, 〈미 비포 유〉의 루이자 역시 까칠한 윌에게 솔직하게 다가가고 직선적으로 하고 싶은 말을 다 해대는 엉뚱한 그녀에게 마음이 열렸다. 한 사람은 우정으로, 한 사람은 사랑으로 다가왔다. 둘 다 장애에 대한 편견이나 동정심이 아닌 인간애로 다가갔기에 그들의 마음을 열 수 있었다. 히지만 결말은 확연히 달랐다. 〈언터처블〉의 필립은 드리스에게 얻은 용기로 연인에게 구애하며 사랑의 결실을 맺어 새로운 삶을 선택했지만, 〈미 비포 유〉의 윌은 울며 간절히 애원하는 사랑하는 부모님과 루이자에게 이별을 고하며 자신이 정한 길을 바꾸지 않고 스위스로 향한다.

시한부 인생이나 고통 속에서 버티는 말기 암 환자에겐 조력자살이나 안락사를 찬성한다. 아무리 원해도 끝이 정해진 시한부라면 그 고통을 덜어주는 것이 맞다고 생각한다. 스위스는 존엄사와 '안락사 캡슐'의 상용화까지 적극적 존엄사를 법으로 허용한 나라이다. 우리나라는 연명치료 중단은 할 수 있어도 생전에 본인이 신청해 두어야 실행이 가능하다. 존엄하게 삶의 마지막을 맞을 수 있는 선택권을 주는 것이 필요하다고 생각한다. 프랑스의 유명한 배우 알랭 드롱도 존엄사를 결정했다는 기사를 접한 적이 있다. 죽음을 스스로 선택할 권리에 찬성하지만, 단 생명은 고귀하다는 사실과 법적 보호가 필요가 있다는 사실을 잊어서는 안 된다.

얼마 전에 나온 기사에서도 말기 암 엄마를 위해 스위스에 다녀온 딸이 쓴 글이 화제가 되었다. 인터뷰를 한 딸은 이제 고통 속에서 더 이상 살고 싶지 않다며 엄마가 원하셨고, 그 소원을 들어드리고 싶었다고 했다. 하지만 그 과정이 너무 험난해서 지치게 했다면서 우리나라의 조력 자살 법안을 옹호하는 발언을 했다. 마지막 가는 길에 웃으면서 가족들과 "안녕"이라고 인사하는 엄마의 표정이 너무 편안해 보였다며 그립지만, 후회가 없다고 말했다.

경우가 다른 윌을 보면서는 많은 생각을 떠오르게 했다. 아직 죽을 만큼 힘든 것도 아닌데 환하게 웃는 루이자를 보면서 웃음을 되찾고 세상과 소통하며 살 수는 없었을까. 이제 막 살고 싶다는 생각을 처음 가진 윌은 왜 자기의 선택을 끝까지 포기하지 않았을까. 루이자를 행복하게 해줄 수도, 함께 할 수 있는 일도 없다고 생각한 자신의 가치관이 정한 선택이었겠지만 다른 결말도 있지 않았을까 아쉬웠다. 보내주는 것도 사랑이라지만 마음이 너무 아팠다.

무가치한 삶은 없다. 가슴이 참 먹먹했다. "당신과 함께 한 모든 순간을 기억할 거예요"란 대사와 Ed sheeran의 "photograph"에서 "사랑은 치유할 수 있어, 영혼의 상처를 아물게 할 수 있어."란 ost에 담긴 가사와 선율은 왜 그렇게도 아름다운지….

아이들의 울타리

작가 괴테는 "세상은 아이들의 것"이라고 했지만, 아이들의 세상은 녹록지 않다. 마음껏 뛰어놀아야 할 나이에, 학업에, 학원에, 숙제에 치여 산다. 머리를 식힐 때라곤 스마트폰과 게임밖에 없는 세상이 되어버렸다. 너도나도 손에 스마트폰을 놓지 않는 이유이다. 거기에 아이들을 존중하지 않는 사람들도 많다.

태권도장에서 5살 아이를 훈육한다는 이유로 매트에 거꾸로 30여 분간 세워두고 방치해서 질식해 열흘 만에 사망한 일은 모두를 경악케 했다. 세상에서 가장 행복해도 모자란 작은 아이들을 훈육이란 이름으로 학대. 폭행하는 어른들에게 화가 난다. 양심은 도대체 어디에 있는 건지 모르겠다. 30년 형을 선고받은 유가족들은 분노했다. 고통받고 갔을 어린 아들을 생각하면 어떻게 견딜 수 있을까.

아동학대로 스러져간 아이들을 생각하면 가슴이 저려온다. 더군다나 부모에 의한 학대는 더 지울 수 없는 상처이다. 양부모에 의한 아동 학대가 다수이지만 그에 못지않게 친부모의 아동학대도 끊이지 않아 모성도 부성도 없는 부모들도 많은 세상이 되었다. 금수보다 못한 어른에겐 부모란 이름도 아깝다. 원해서 태어난 것도 아니고, 부모를 선택할 수도 없는데, 누군 사랑받고 귀하게 자라는데 누군가는 두렵고 서럽고 고통 속에서 살아간다. 힘없는 아이들에게 감당하기 힘들고 너무 가혹하다. 누구의 잘못일까. 부모를 잘못 만난 아이들 잘못일까. 주변의 관심 부족일까. 허술한 사회 제도의 문제일까. 아동학대 기사를 접할 때면 분노가 치밀고 마음이 아려온다.

입양되어 양모에게 학대받고 온몸이 멍든 채 어린이집에서 멍하니 앉아있는 모습을 마지막으로 하늘로 가버린 가여운 아이 소식은 한동안 가슴을 먹먹하게 했다. 온 장기가 다 파열될 정도로 학대받았다는 뉴스에 국민들은 치를 떨었고 아이를 키워본 엄마들은 울분을 토했다. 양부는 사실을 알고도 방치해서 둘 다 구속 수감 되어 높은 형량을 받은 끔찍한 사건이었다. 아이의 마지막 모습을 잊을 수가 없다. 모든 걸 체념한 듯 힘없이 축 쳐져 멍하니 앉아있던 그 모습이 한동안 뇌리에서 떠나지 않았다. 더 놀라운 사실은 양부모가 엘리트여서 입양기관에서도 입양을 잘 간 케이스였다는 것이다. 충분한 심사를 거쳐 입양 부모를 매칭 했을 텐데도 이런 참혹한 일이 벌어졌다니 어이가 없다.

부모를 선택해 태어날 수도 없는데 친부모에게는 버림받고 양부모에게는 학대받고 하늘의 별이 된 아이들을 지켜주지 못한 어른으로서 너무 미안했다. 천사 품에 따뜻하게 안겨 고통 없는 천국에서 살기를 바란다. 다음에는 꼭 좋은 부모에게서 태어나 많은 사랑 받으라는 말밖에는 어떤 것도 대신 할 수 없다.

빈번히 들리는 아동 학대 뉴스에 참담하다. 아무것도 모르는 힘없고 약한 소중하고 어린 생명들이 보호받지 못하고 무책임한 어른들의 희생양이 되어 무참히 짓밟혀지는 소식은 더 이상 듣고 싶지 않다. 2개월 된 아기가 단지 운다는 이유로 친부에게 던져져 목숨을 잃는 사건도 있었다. 우는 것 밖에는 감정표현을 할 수 없는 어린 아기가 울었다는 이유로 생명을 잃었다는 사실이 기막혔다. 자신 때문에 태어난 자식을 도대체 무엇이 모성애와 부성애를 잃게 하는지. 동물도 제 새끼들을 돌보는데 인면수심의 인간들을 만드는지. 양형이 10년형도 되지 않는다는 사실에 더 화가 난다. 살해가 아닌 아동 학대치사 혐의가 적용되어 4년 형을 받았다. 목도 못 가누는 2개월 아기를 던지는 행동이 살해가 아니라면 도대체 무엇인지. 아동학대치사도 많아야 7년이란다. 초등학생 의붓딸을 상습 폭행하고 소금밥을 먹이고 찬물로 샤워시키고 학대한 죄의 대가는 집행유예였다. 어처구니가 없다. 한 살 아이가 말을 듣지 않는다는 이유로 친모와 지인의 폭행으로 숨겼는데 그들은 15년형을 선고 받았다.

생후 6개월 된 아기를 15층에서 떨어뜨려 살해한 친모가 7년형을 받았다. 정신과 치료 전력이 있고 남편과 갈등 문제도 인정 되고 남편도 선처해 달라고 해서 내려진 양형이라고 한다. 그 양형이 과연 합당한가. 태어나서 자라보지도 못한 그 생명들을 지켜주지도 못하면서 제대로 처벌도 하지 않는 이 나라 법은 누구를 위한 법인지. 태완이법. 원영이법이 만들어졌어도 외국의 아동 학대 처벌을 따라가려면 아직도 멀었다. 그러면서 저출산을 걱정하고 아이들이 나라의 미래라고 말하면서 아이를 보호하지 못하는 사회 구조는 도대체 언제 바뀔지 개탄스럽다.

〈금쪽같은 내 새끼〉에서 오은영 박사님은 "나의 아이는 내가 가장 사랑하는 약자"라고 했다. 완벽한 부모가 좋은 부모가 아니라 최선을 다하는 부모가 좋은 부모라고도 했다. 부모라면 최소한 아이들에 대한 책임을 다하고 든든한 울타리가 되어주어야 한다. 아이들에게 부모는 옆에 있는 것만으로 놀랍고 위대한 존재이다. 물주고 햇빛 받으면 잘 자라지만 그렇지 못하면 시들어버리는 화초처럼 약한 것이 아이들이다. 잘 가꾸고 사랑과 관심을 주어 빛이 나고 성장하게 만드는 것은 부모의 책임이다. 아이들의 울타리가 되어주는 건 어른들과 우리 사회의 몫이다. "아이들을 꽃으로도 때리지 마라"고 했는데 참 부끄러운 어른들의 자화상이다.

'션'처럼

우리나라에서 여자들이 가장 부러운 연예인 한 명을 꼽으라면 션의 아내 정혜영 씨일 만큼 그들은 잉꼬부부로 유명하다. 처음 그 두 사람이 결혼한다는 기사를 접했을 때 머리를 노랗게 물들이고 힙합을 하는 그에게 정혜영 씨가 너무 아깝다고 생각했다. 콘서트장에서 공개 프로포즈를 한 일화는 유명하지만, 그 당시의 션은 진짜 비호감이었다. 지금의 션은 전혀 다른 사람 같다. 마치 페이스오프를 한 것처럼.

일단 그는 다짐대로 아내를 가장 행복한 여자로 만들었다. 어제보다 오늘 더, 오늘보다 내일 더 아내를 사랑하면서 가장 행복하게 만들어줄 거라는 션의 다짐은 여전히 현재 진행 중이다.

둘 사이에서 태어난 네 자녀와 다복한 가정을 이루고 있는 그는 저 출산인 우리 사회에 본보기가 되어줄 뿐 아니라 아이들에게도 독립적이고 이타적인 삶을 가르치고 있다. 해마다 겨울이면 연탄 봉사를 하는 그가 작년에는 아이들과 함께한 모습을 보면서 몸소 본보기가 되어 자랑스러운 아빠의 면모를 보여줬다.

자신은 아이들 넷과 전세로 살면서도 해외 후원하는 아동들의 수가 어마하고, 결혼 이후 매일 만 원씩 모은 365만 원의 기부를 시작으로 강연. 출연료. 〈오늘 더 사랑하기〉 〈오늘 더 행복하기〉란 두 권의 에세이 책 인세까지 기부란 그에게는 일상이 되었다.

특히 첫아이 돌잔치 대신에 두 아이의 심장병 수술을 해주었다는 소식에선 날개 없는 천사 같다고 생각했다.

〈라디오 스타〉에 출현한 션을 시청한 적이 있다. 션이 나오는 프로는 꼭 찾아본다. 광복 79주년을 맞아 81.5km를 뛴다고 했다. 아침마다 뛰는 연습을 하루도 빠짐없이 해오고 해마다 마라톤을 실시하며 참가비를 기부한다. 그는 자신을 위해 뛰지 않고 늘 타인을 위해 뛰고 있다. 최근엔 독립운동가들 후손에게 집을 지어주는 프로젝트를 하며 나라에서 하지 않는 일을 하고 있다. 어린이 재활 치료 병원과 루게릭 병원을 짓겠다는 포부로 시작한 일이 결실을 맺어 착공에 들어갔고 12월이면 완공 된다고 한다. 세계에서 유일한 루게릭 병원으로 환자들의 치료와 재활을 돕게 됐다.

이를 위해 '아이스 버킷 챌린지'를 이어갈 때 비난하는 이들도 봤다. 요란스럽고 그들만의 리그라고, 돈이 많으니 기부한다는 등 부정적 시선이 많았다. 하지만 '아이스 버킷' 챌린지는 얼음을 뒤집어쓰는 것으로 끝나는 것이 아닌 릴레이 기부로 이어진다. 친분이 있는 이들을 뛰게 하고, 봉사에 참여하게 하고, 기부를 하면서 선한 영향력을 주는 그의 행보가 매번 놀라울 뿐이다. 사람이 어떻게 저렇게 초지일관 변하지 않고 더 성숙하고 아름다운 본을 보일 수 있는 건지. 우리 시대 가장 본보기가 되는 어른의 모습이 아닐 수 없다. 특별한 사람이라 그렇게 할 수 있는 것이 아니고 목표가 뚜렷하고 가치관이 분명한 사람이기에 가능하다. 혼자의 행복이 아닌 가난하고 소외된 이들의 고통을 외면하지 않기에 가능하다. 그런 삶을 가장 가치 있다고 여기기에 할 수 있는 행동이다. 션은 세계 마라톤 대회 6개를 1년 안에 모두 달성하겠다는 포부까지 밝혔다. 어떤 대회는 끝나자마자 3일 후에 이어지는 대회도 있다고 한다. 아무리 단단한 체력이라도 너무 무리하지 않기를 바란다.

나도 외사촌 동생 부부가 선교사로 있는 콩고에 교회 건축 헌금과 선교비를 후원하고 있다. 필리핀 톤도 쓰레기 마을에 사는 어린이 교육비와 '굿네이버스'에도 오랫동안 후원하고 있다. 작지만 꾸준함으로 마음과 관심을 보태는 것이 중요하다. 작은 마음은 세상을 변화시키는 힘이 된다.

드디어 세계 최초 루게릭병 병원 개원식을 했다는 소식을 들었다. 유튜브를 보니 연예인과 팬들의 기부 및 캠페인으로 이루어진 병원의 내부 시설이 너무 깨끗했다. 넓은 목욕시설을 갖춘 화장실과 욕실, 가족 면회 및 휴게 공간까지 완벽했다. 기적을 일군 션의 시작이 너무 선한 영향력을 주었고, 병과 싸우는 환우들에게 희망을 안겨주었다. 루게릭병을 앓다가 먼저 떠난 친구를 위해 시작한 일에 모두가 함께 했기에 가능했다고 겸손히 말하는 그는 작은 천사와도 같았다. 더불어 많이 가지려는 욕심을 내려놓고 '션'처럼 소외되고 아픈 이웃들에게도 눈을 돌리는 따뜻한 사회가 되기를 바라본다.

매너리즘

　최근 직장인들 사이에서 스트레스 지수가 회사에 이어 매너리즘이 2위라고 조사되었다. 이는 삼성병원 정신의학과에서 직장인들을 대상으로 했던 조사결과이다. 틀에 박힌 일정한 방식이나 태도인 매너리즘에 빠지면 무기력해지고 의욕이 사라진다. 다람쥐 쳇바퀴 돌 듯 하는 자기 삶에 큰 가치를 두지 못한 채 하루하루 살아갈 뿐이다.

　나도 매너리즘에 빠진 적이 있었다. 40대에 가장 바쁘고 분주했지만 매일이 똑같은 일상이었다. 돌아보면 30대는 아이들 양육과 일을 병행하면서 오직 그 두 가지에만 열중했는데 40대는 어느 정도 아이들이 자라면서 그야말로 일에만 몰두했다. 방과 후 수업이 활성화 되면서 초등학교 논술 수업도 꽤 인기가 많았을 때였다. 마침 교사가 꿈이었던 내가 임용시험에 실패하고 사회생활 2년 후에 회사를 그만두고 결혼을 한 뒤 적성에 맞는 일을 찾고 있을 때 만난 일이었다. 처음엔 회사 소속으로 10년 가까이 일하다가 회사를 그만 두고 개인으로 나와 지원을 하고 면접을 보고 교재를 직접 만들면서 학교 수업을 맡아서 10년 동안 신나게 일했다. 10년 간 일한 노하우로 어렵지 않았다. 이틀은 학교 일로, 나머지 사흘은 방문 수업으로 그야말로 하루에 4타임씩 6시간씩을 쉬지 않고 일했다. 갑자기 늘어난 수업에 정신을 차릴 수 없을 만도 한데 수입이 늘고 인정받고 있다는 기분에 힘든 줄도 모르고 일했다. 거기에 일주일에 한 번은 오전에 집단상담 봉사까지 하면서 앞만 보고 달려왔다.

너무 바쁘기도 했지만 그사이 아들들을 필리핀에서 홈스테이를 하시는 큰형님 댁에 2년간 보냈다. 초등 3학년과 6학년이 되던 때였다. 형님이 계시니 안심하고 맡길 수 있었고, 그 시기가 지나면 학업에도 지장을 줄 수 있어 서둘러 결정한 건데 결과적으론 시기적절했다. 아이들을 보내고 나니 그땐 더 일에만 몰두했다. 2년 후에 아이들이 돌아와서 큰아들은 중2, 작은아들은 5학년에 들어가면서 학교생활도 잘 적응하고 영어가 월등히 좋아져 만족한 결과였다. 처음엔 아이들 걱정에 시간이 참 더디다 싶었다. 1년에 두 번씩 가서 아이들을 보고 오니 안심도 되고, 시간도 금방 지나갔다.

어느덧 40대 중반이 되었다. 일에 점점 지쳐있었다. 내가 좋아하는 책보다는 수업을 위해 아이들 동화만 읽어야 했고, 신문 사설을 찾아 시사도 병행하고, 한창 역사의 중요성이 강조되면서 역사 수업을 원하셔서 역사 교재까지 만들며 역사 수업을 병행하다 보니 새롭고 흥미 있지만 많은 에너지가 소모되었다. 남는 시간 겨우겨우 쉬면서도 주일날은 교회에서 어김없이 교사로 봉사하면서 쉼 없이 달려오다 보니 심신이 방전되었다. 나중엔 열정을 잃고 습관적으로 일하는 나를 발견했다. 좋아하던 책도 읽기 싫었고, 새로운 책으로 업그레이드를 하며 수업 준비를 해야 했지만 그냥 쓰던 교재들로 몇 년 동안 똑같이 수업했다. 오후부터 하는 일이라 오전엔 시간이 여유가 있어서 모임에도 가고, 취미생활도 하면서 '이렇게 좋은 직업이 어디 있나' 하면서 긍정 모드로 일관했던 나였지만 어느새 매너리즘에 빠져있었다.

그러다가 47세에 찾아온 유방암 진단은 나를 완전히 변화시켰다. 5월에 수술하고 초기여서 항암 없이 방사선만 21차례 진행했다. 일단 일을 접어야 했다. 초기인 것에 감사하면서 그동안 쉬지 않고 달려온 내게 주는 쉼의 시간이라고 생각했다. 3개월 쉬고 재충전을 하고 나서 다시 일을 다시 시작할 땐 다시 일할 수 있어 기뻤다. 일은 절반으로 줄여서 집에서 하는 수업만 했다. 하루에 두세 타임만 3일 수업하니 더할 나위 없이 몸과 마음이 편했다. 다시 시작한 일이고 기다려주신 학부모님들께 감사한 마음으로 즐겁게 일하다 보니 다시 열정이 솟고 매너리즘에서 벗어날 수 있었다.

이제 일만이 아닌 나 자신을 위한 시간도 만들어갔다. 수영도 시작하고, 나를 위한 책도 읽고, 글을 쓰고, 아프면서 내가 느낀 복잡한 감정들이 한꺼번에 밀려오면서 수필을 쓰게 시작했다. 내가 암이 발병된 그해 가을에 아버지도 췌장암 진단을 받고 연말에 돌아가시면서 폭풍같이 휘몰아친 2015년은 나의 삶을 송두리채 바꿔놓았다. 몸과 마음은 너무 아프고, 이별 앞에서 목 놓아 울었지만 이후 한층 성숙되며 깊이 있는 나로 변했다. 그 마음을 글로 쏟아내고 글을 쓰는 새로운 기쁨을 얻게 되었다.

취미로 쓰던 글을 여기저기 응모하다 보니 2022년 '글로벌 경제 신문 시니어 수필'에 당선되는 성과가 찾아왔고, 2023년 기회가 되어 〈내게 찾아온 수필〉이란 첫 수필집을 냈다. 수필을 쓰면서 다시 활력을 찾게 되어 고민하지 않고 단숨에 정한 제목이다. 25편의 글을 보면 단순하고 너무 부끄럽지만 내겐 의미 있는 책이었다.

결과가 아닌 과정도 충분히 의미가 있다. 완벽하진 않아도 소소하고 평범한 일상이 주는 행복을 말하고 싶었다. 건강을 잃고, 사랑하는 아버지와 큰형님, 친구를 떠나보내니 평범한 일상만큼 큰 행복은 없다는 걸 깨달았다. 그 일상이 무너지면 다시 회복하기가 너무 어렵다. 나를 매너리즘에서 벗어나게 해준 작지만 소소한 기쁨과 소중히 여기는 사람들에 대한 일상들은 내 글의 마중물이자 주춧돌이 될 것이다.

온유학 개론

온유는 선천적이기도 하지만 후천적으로 만들어지는 성품이다. 인간의 본성 안에 있는 악한 감정을 제어하고 되도록 참고 이해하며 너그러운 성품을 익혀나가면서 자신을 단련하는 것이다. 온유가 필요한 시대라고 말한다. 분노가 점점 많고 자신이 피해자라고 생각하며 피해의식을 갖는 사람들은 일단 화부터 내고 본다. 화를 내는 사람은 오히려 약한 사람이고 온유한 사람이 강한 자이다. 외유내강의 성품을 길러야 한다.

우리 민족은 성급한 민족이라 뭐든 빨리빨리 해내려다 보면 강한 자만이 살아남는다는 잘못된 인식을 갖고 있다. 또 조급하다 보니 자기감정을 절제하지 못하고 자기주장이 강한 사람들도 있다. 반면 온유한 자는 손해를 본다고 여긴다. 하지만 결코 그렇지 않다. 겸손과 인내로 자신보다 남을 높게 여기며 타인의 의견을 수용하고 존중한다. 분노를 표출하기보단 상황을 중재하고, 이해시키려고 하면서 주변을 부드럽게 만든다. '부드러움은 강함을 이긴다'는 속담이 있듯이 인간관계, 대외관계, 갈등의 문제까지 중요한 역할을 한다.

명절 끝에 시댁에 다녀와 너무 피곤해서 쉬고 싶었는데 그날따라 위층 손자 손녀들이 온 탓인지 쿵쾅거리며 위층이 너무 시끄러웠다. 가끔 주말이면 오기도 하는 아이들이라 '명절이라 왔겠구나 싶어' 이해하다가 한 시간가량 점점 더 심하게 이어지는 다다다닥 소리에 결국 톡을 드렸다. 그러자 손님에 애들까지 와서 더 시끄러웠다며 사과하고 주의 주겠다고 했다. 양해해주셔서 감사하다고 답장을 하고 났더니 곧 잠잠해졌다. 다음 날 일찍 마음에 걸려서 "아이들이 명절이라 와서 논 건데 신년부터 죄송했다"며 "마음껏 놀고 가게 하라"고 다시 톡을 드렸더니 "늘 배려해주셔서 감사하다"는 답장이 왔다. 서로 너그러운 마음으로 대하면 부딪힐 일이 없다는 걸 깨닫게 된다.

위층 부부는 둘이 조용히 살다가 아들 부부가 아파트 분양 시기가 맞지 않는데다 중도금 문제로 합가하면서 2년을 함께 살게 되었다. 조용하던 집이 어느 날부터 시끄러워지기 시작했다. 아이가 둘이나 있는 부부여서 이미 사정을 아는 터라 이해하고 있었다. 그리 친한 분은 아니었지만 이 일로 친분이 생겼다. 만날 때마다 죄송하다고 해서 "아이들이니 뛰는 건 당연하니 걱정하지 마시라."라고 한 말이 감사했는지 아들이 분가하면서 선물까지 가져오고 인사를 나누었다. 이사를 간 뒤로도 주말이면 어김없이 놀러 와서 시끄럽게 하는 아이들이지만 진심으로 이해하고 있다.

온유는 삶에서 정말 필요하다. 부부간에도 서로 따뜻한 시선으로 대하고, 아이들을 양육할 때도 온유로 가르친다면 자기중심적인 아이로 자라지 않을 것이 분명하다. 부모의 양육 형태에 따라 아이들의 성품이 좌우된다. 너그럽고 온유한 성품의 부모를 보면 대부분 아이들도 같은 성품을 닮는 것을 본다.

〈온유학 개론〉은 모두가 평생 학습하고 실천해야 할 덕목이라며 우리 목사님께서 해주신 말씀이다. 부드러움이 그 안에서 빛을 발하고, 너그러운 마음으로 주변에도 긍정적인 영향력을 주는 한 가지 분명한 방법이 온유이다.

'폼'나게 살자

"돈이 없지, 가오가 없냐?"란 말은 참 멋지게 들린다. 돈이 없다고 자존심까지 버려선 안 된다는 말이다. 가오는 폼을 뜻하는 속어지만 흔히 쓰이는 말이 되었다.

가난하다고 모두 비루하게 살지는 않는다. 평생 김밥을 팔아 모은 돈을 기부하신 할머니, 대구의 키다리 아저씨로 불리신 중소기업 사장님, 어려운 상황에 이런저런 도움의 손길을 내미는 사람들은 돈이 많아 기부하기보단 어려움을 경험해 동병상련의 마음으로 그 처지와 마음을 헤아리는 사람들이 대부분이다. 가진 것과 상관없이 오히려 마음이 더 가난해 양심조차 없는 이들이 문제이다. 부끄러움을 부끄러움으로 모르는 사람들, 양심을 밥 말아 먹은 듯한 사람들, 상식을 벗어나 무개념으로 사는 사람들, 다른 사람들을 등쳐먹는 사람들을 보면 분별력을 가지라고 말해주고 싶다.

TV 프로에서 본 일이다. 고기 뷔페식당에서 고기를 계속 구워가며 자신들이 가져온 통에 몰래 넣어 빼돌린 부부 사건은 도를 넘었다는 생각이 든다. 그것도 모자라 반찬까지 몇 번을 빼돌려 차에 두고 오는 부부의 행색은 그야말로 비루 그 자체였다. 남는 음식을 싸가는 것도 아닌 처음부터 가져갈 목적으로 방문한 부부였다. 알아차린 사장님이 처음엔 정중히 경고를 했지만 CCTV를 돌려보시곤 한두 번이 아니었음을 알고 경악했다고 한다.

'공짜라면 양잿물도 마신다'는 우리 속담이 떠올랐다. 정당하게 대가를 치르지 않고 재물을 취득한 것과 같다. 경기가 안 좋고 물가는 비싸지고, 소비 심리는 위축되어 자영업자들이 장사가 안 된다고 여기저기에서 울상을 짓는데 이런 비상식적인 사람들을 보니 어이가 없다. 남의 것을 소중히 여기지 않는 파렴치한 부류의 사람들이나 하는 행동이다.

아마 이들은 제 것을 조금이라도 손해 본다면 더 큰소리칠 사람들로 보인다. '역지사지'나 '내로남불'이란 말은 괜히 있지 않다. 나와 상대방의 잣대가 달라선 안 된다. 오히려 자신에겐 더 엄격한 잣대와 기준을 갖고 정직하게 살아내려고 애써야 한다. 매너가 없거나 비상식적 행동을 하는 사람들을 '무개념'이라고 말한다. 모든 연령에서 무개념이 민폐를 끼치는 경우를 쉽게 본다. 버스 좌석이나 비행기 좌석에 발을 올린다든지, 산불이 나서 엄청난 피해를 입고 이재민이 발생한 시국에 호기심으로 산불을 낸 60대 여성이 붙잡혔단 소식은 정말이지 민폐를 떠나서 무개념이 아닐 수 없다.

국제적으로 나라 망신을 시킨 사람도 있다. 일본에서 한국인 관광객이 신사 안에서 흡연과 쓰레기 투기, 신사 직원을 폭행하는 일이 생겨 혐한의 빌미를 제공하기도 한다. 나라의 이미지를 실추시키는 행동을 하지 않아야 하며 어디서든 매너와 상식을 지켜야 한다. 비루하게 살지 말고 제발 '폼'나게 살고, 어떤 상황이든 양심까진 버리지 말아야 한다.

행복을 위해

2023 세계행복보고서 조사에 따르면 행복 지수가 가장 높은 나라 1위는 핀란드라고 한다. 상위권은 대부분 북유럽이었고 북유럽은 복지가 잘 되어있는 나라들이다. 반면 우리나라는 OECD 38개국 중 최하위권인 35위로 행복 지수가 낮은 나라 중 하나이다. 예전에 행복 지수가 가장 높은 나라로 부탄. 방글라데시. 라오스 등 의외의 나라를 보고 행복은 풍요와 물질에 있지 않다는 걸 알았다. 마음이 행복해야 진정 행복한 사람이다. 작은 일에도 큰 만족을 얻는 자족이 행복을 가능케 한다.

김난도 교수는 "행복은 내가 가진 것에서 오는 것이 아니라, 그것을 대하는 나의 태도에서 온다. 행복은 목표가 아니라 삶의 방식이다. 그리고 행복해야 한다는 강박관념에서 벗어날 때 비로소 행복해지고, 자신을 있는 그대로 받아들이려는 것을 '행복에의 초월'이라고 했다. 행복을 얻으려는 욕망에서 자유로워지는 것이 진짜 행복이다."라고 말한다. 인간이 살아가는 목적을 행복해지기 위해서라고 말하지만 행복은 지극히 주관적이다. 많이 가져서 행복한 것도 아니고, 똑똑해서 행복한 것도 아니다. 행복은 조건이 아닌 편안한 마음과 안온한 일상에서 찾아오는 것이다. 작은 것으로도 만족하며 행복을 크게 느끼는 사람들도 많다.

살아가면서 행복해지기 위해 버려야 할 것이 있다면 탐욕이다.

탐욕은 인간을 병들게 만든다. 욕심은 끝이 없는 것처럼 한 가지가 채워지면 또 다른 것을 탐낸다. 욕구는 끝이 없다. 만족을 모르는 사람들은 잃은 후에야 자신이 행복한 사람이었음을 깨닫기도 한다.

〈생은 아물지 않는다〉란 이산하 작가님의 글에서 북극 지역에 사는 에스키모 이누이트족들의 독특한 늑대 사냥 법을 소개했다. 날카롭게 간 칼에 동물의 피를 묻혀 얼음이나 눈 위에 꽂아두면 피 냄새를 맡은 늑대들이 다가와 칼날을 핥기 시작한다. 처음엔 칼날에 혀가 다치지 않도록 조심하다가 추운 겨울에 점차 혀가 마비된 늑대들은 자기 혀가 베이는 줄도 모르고 열심히 피를 핥다가 과다출혈로 죽으면 이누이트족들은 눈 바닥에 쓰러진 늑대들을 주워간다고 한다. 탐욕이 부메랑처럼 돌아와 자신을 위협하는 데도 그걸 알지 못한다.

권력에 대한 욕심으로 국민을 위협하는 계엄령을 내린 지도자나, 그걸 이용해 어떻게든 정권을 바꾸려는 정치가들이나, 도박이나 주식, 비트코인 등으로 단번에 부를 얻으려는 한탕주의에 빠진 젊은이들이나, 남의 것을 속여서 빼앗으려는 사기나 피싱도 모두 탐욕에 눈먼 자들의 비열한 행동들이다. 가진 것에 만족하며 성실히 일해서 자신이 한 일에 대한 대가만으로 만족해야 한다. 조심스럽게 투자를 해서 얻은 이익이 자산이 될 수 있지만 지나친 투자로 이자에 허덕이다가 낭패를 본 사람들도 많다.

행복해지기 위해 버려야할 또 하나는 비교 의식이다. 비교는 자존감을 떨어뜨리고 시기하게 만든다. 조던 피터슨이란 사람은 "당신을 다른 사람과 비교하지 말고 오직 어제의 당신하고만 비교하라." 고 말했다. 자신이 비교해야 할 대상은 다른 사람이 아닌 과거의 나와 비교하란 뜻이다. 어제보다 성장했는지, 목표를 잘 이루어 가고 있는지 말이다. 나와 상관없는 다른 사람의 삶과 비교 의식을 가지며 감정을 소모해선 안 된다. 어느 시인은 탐욕은 보이지 않게 마음에 스며들어 몸을 무너뜨린다고 했다.

SNS에 자신을 과시하는 사람들을 보면서 자신을 초라하다고 느끼는 사람들이 있다. 보란 듯이 과시하는 사람들도 진정한 행복을 모르는 사람이다. 다른 사람보다 자신이 우월하다고 느끼면서 얻는 행복은 잠시 뿐이다. 끊임없이 비교하는 시간에 더 나은 자신이 되기 위한 일을 하거나, 자신이 좋아하는 일을 찾으면서 행복을 찾는 일이 중요하다. 행복은 지극히 주관적이다. 만족을 모르는 사람은 행복에 이를 수 없고, 자신의 행복을 위해 타인의 행복을 앗아가는 사람도 행복할 수 없다. 멀리서가 아닌 가까운 곳에서 얻는 소소한 행복과 평범하면서도 안온한 일상이야말로 진정한 행복이다.

또한 행복의 중요한 조건 중 하나는 관계이다. 외적으로는 주변에 나와 잘 맞는 사람과 좋은 관계를 맺고, 내적으로는 자기 자신의 몸과 마음을 건강하게 가꾸는 것이다. 남편이 퇴사 8년이 되었는데도 꾸준히 모임을 갖는 건 그들과의 관계가 좋았기 때문이다.

관계에서 가장 중요한 건 자녀와 남편과의 관계이며, 가장 가까운 가족들과 좋은 관계 형성은 필수이다. 가정에서 행복하지 않는데 남들과 좋은 관계를 형성하기는 어렵다. 가족에서 내실을 잘 다져야 외부로 좋은 에너지가 흘러나간다.

'레지나 브렛' 이란 작가는 "행복한 사람은 있는 것을 사랑하고 불행한 사람은 없는 것을 사랑한다."라는 그 말에 크게 공감했다. 난 지난 일은 되도록이면 돌아보지 않는 편이다. 지나간 일을 후회해도 돌이킬 수 없는데 '그랬다면 어땠을까' 생각해도 소용없는 일로 감정을 소모하고 싶지 않다. 가끔 살아온 인생을 되돌아보기는 해도 후회하지 않으려고 애쓴다. 내게 없는 것을 가지고 불행해할 필요는 없다. 앞으로 다가올 미래에 대한 기대와 기쁨을 누리며 작은 만족에도 감사한 삶이 되어가기를 바란다. 있는 것을 사랑하는 행복한 사람이 되고 일신우일신하며 날마다 새로워지는 것이 내겐 더 중요하다.

또한 자기를 사랑해야 행복해지고, 남도 사랑할 수 있다. 나를 사랑하지 않으면서 남을 사랑할 수 있는 마음의 여유는 어디에도 없다. 나를 아끼고 나를 웃게 하고 무엇을 할 때 행복한지 하나씩 행동에 옮기다 보면 자신을 더 사랑할 수 있다. 그런 마음은 남에게도 향하게 된다. 지나친 자기애도 문제지만 자신을 먼저 살피고 사랑하는 것이 진정한 행복을 찾는 확실한 비결이다.

하버드 의과대 정신과 교수의 연구 결과 행복을 결정하는 요소는 "50대 가족, 친구, 사회와 좋은 관계를 유지하는 사람일수록 80대 건강할 확률이 높다"라고 했다. 인간관계에서 느끼는 안정감, 행복감이 노후의 건강과 삶의 질에 많은 영향을 준다는 것이다. 주변에 있는 사람들과의 좋은 관계도 행복을 주는 비결이다. 일이 숙련되기까지 연습이 필요한 것처럼 행복도 훈련이 필요하다. 일상을 돌아보며 작은 일에도 행복과 만족을 찾는 훈련을 통해 행복 지수를 높여가는 지혜가 필요할 때이다.

뭐든 해보면 진짜 될까?

시각장애인 판사 김동현 판사님의 에세이를 읽었다. 〈뭐든 해봐요〉라는 에세이에서 판사님에게 찾아온 갑작스런 시련과 그것을 받아드리며 견디면서 다시 일어서신 과정과 도움을 주신 분들에 대한 이야기를 담담히 풀어놓으셨다. 일단 판사님의 의지에 놀라고, 누구에게나 찾아올 수 있는 어려움을 극복해 나가게 하는 건강한 의지와 정신력, 긍정적 마인드 밖에 없다는 생각을 다시 확인시켜 주었다.

십여 년 전 단순한 눈 수술이 시신경 손상이라는 의료사고로 이어져 시력을 잃고 시각장애인이 되셨을 때 처음엔 도저히 믿지 못해 두렵다가 분노하기도 하고, 우울까지 경험하며 받아드리기 힘들었다고 했다. 꿈도 희망도 모두 사라졌지만 받아드릴 수밖에 없었고, 조금씩 앞으로 나아가신 결과 꿈을 이루셨다.

중학교 때 축구를 하다가 눈을 다쳐 시각장애인이 되신 강영우 박사님이 떠올랐다. 부모님이 돌아가시고 불우한 환경에서도 대학에 들어가시고 미국으로 유학까지 가셔서 우리나라 최초 시각장애인 박사 학위를 취득하신 분이시다. 미국 대학에서 특수교육국장을 역임하고, 부시 행정부 때 백악관에서 국가장애위원회 정책차관보까지 역임한 불굴의 의지를 가지신 분이시다. 대학 때 만난 부인의 도움으로 불가능한 꿈을 이루셨다. 고인이 되셨지만 큰아들은 미국에서 안과 의사로, 둘째 아들은 아버지처럼 오바마 대통령 때 차관보로 일하시면서 아버지의 뒤를 이어갔다. 그런 강영우 박사님은 많은 장애인들의 희망의 불빛이 되어주셨다.

 포기하지 않는다면, 해내고 싶다는 의지만 있다면 길이 열린다는 진리를 보여주셨는데 판사님께도 강영우 박사님 못지않다. 불굴의 의지가 돋보였다. 장애 등록 신청을 하시고 재활 훈련을 받고, 보행 훈련을 하시고, 점자도 배우시고, 일상생활 훈련도 받으셨다. 한 가지 성취는 또 다른 자신감을 갖게 하면서 로스쿨 공부도 다시 시작하고, 주변 사람들에게도 도움을 받으며 앞으로 나아가신 결과 로스쿨 졸업을 우등생으로 졸업하셨다. 게다가 쇼다운 경기를 접하신 뒤에 장애인 쇼다운 국가대표 선수가 되셔서 이탈리아에 다녀오시고, 마라톤을 완주하시는 등 삶에 대한 열정을 다하고 계시다. 그리고 도움을 준 사람들처럼 도움의 손길을 내밀고자 하신다. 음성 파일로 공부할 수 있게 도움을 주신 교수님들과 도우미를 자청한 친구들을 떠올리며 방송 인터뷰 도중 우시기도 했다는 글에선 뭉클했다. 더불어서 함께 살아가는 공동체 사회의 본보기란 생각이 들었다.

 쇼다운 경기가 어떤 건지 궁금해서 영상을 찾아보기도 했다. 준비 도구에 라켓과 공, 장갑이 필요하고 눈을 완전히 가려주는 고글착용이 필수였다. 장애인 인식 개선에 도움이 될 것 같았다. 그 밖에 경기 방법과 규칙에 대해서도 알게 되었는데 11점을 먼저 도달하면 이기는 경기라고 했다.

〈유키즈 블럭〉과 〈세바시〉 세상을 바꾸는 시선에 나오신 강연을 찾아보니 큰 시련과 어려움에도 밝고 순수한 모습에 소년미도 있으신 것 같았다. 새로운 버킷리스트로 올림픽 마라톤에 도전하고 싶다는 판사님께 가장 중요하다고 생각하는 헌법을 질문하니, 제10조로 인간으로서 존엄과 가치이며 국가는 그걸 보장해주어야 한다고 강조하셨다. 가장 무서운 것은 국민들이라고 말씀하셨다. 사법부나 행정부나 입법부에 속해 있는 모든 사람들이 가져야 할 자세이자 정신이다.

우리 사회 장애인으로 살아가는 어려움을 판사님도 많이 겪으셨다. 판사님의 글 중에서 눈 뜬 자로 30년을 살아오시다가 하루 아침에 눈먼 자가 된 어려움이 컸다고 하셨다. 누구나 중도 장애가 될 수 있는데 개인이 그 상황에 적응하고, 사회가 접근성과 합리적 편의를 제공해야만 한다고 말씀한다. 제도가 개선되어 제약을 줄이면서 모두가 동등하고 살기 편안한 사회가 돼야 한다고 말이다.

아이들과 장애인과 관련된 책을 수업할 때면 의례히 장애인은 우리와 다른 것이 아니라 몸이나 정신, 마음이 조금 불편한 것뿐이라고 가르친다. 우리가 다치면 조금 불편한 것처럼 그들의 불편은 더 오래 가는 것뿐이니 필요할 때면 비장애인으로서 장애인을 배려하는 것이 당연한 도리이고, 차별이나 부정적 시선을 가져서는 안 된다고 강조한다. 하지만 장애인들이 경험하는 현실은 냉혹하고 시설은 미비해 불편을 감수해야만 한다.

판사님은 재판연구원을 거쳐 장애인권익옹호기관에서 일하다가 판사를 지원해 결국 임용되셨고, 복지상을 수상하기도 하셨다. 마지막 글에서 주어진 권한을 올바르게 행사해 우리 사회에 법치주의가 확립되고 모든 사람이 인권을 보장받으며 살아가는 데 기여하고 싶다고 하셨다. 타인의 인생이 걸린 엄중한 무게를 느끼고 신중하게 판결하겠다는 판사님의 소신대로 판사로서, 장애인으로서, 쇼다운과 마라톤 선수로서, 작가로서의 길까지 잘 감당하며 어려움을 겪는 이들을 빛으로 이끌며 앞장서서 잘 걸어가실 거라고 확신한다.

 발달 장애나 자폐증 등 정신적 장애를 가진 이들이 25만 명이나 된다고 한다. 이들은 사회에 나가 자립하는 것이 어렵지만 캐릭터 디자이너 7년차. 국내 최초 박사 학위를 가진 3년 차 대학 강사가 몇 년 전 방영된 〈이상한 변호사 우영우〉란 드라마를 계기로 뉴스에 기사화되기도 했다. 직업 훈련은 전국 19개이고 2000명 훈련생에 취업자는 30%. 저임금에 계약직이나 비정규직으로 불안정한 일자리가 현주소이다. 이들에겐 직무 개발이나 일자리 확대가 필요하다. 우영우 변호사 덕분에 이들에 대한 편견이 사라지고 따뜻한 시선으로 바라보는 계기가 된 것 같다. 드라마가 주는 영향력은 크다. 장애인들에 대한 차별과 부정적 시선. 편견이 사라지고 열린 마음과 따뜻한 배려가 퍼져나가 선한 영향력이 확산된다.

 '뭐든 해보면 진짜 될까' 란 물음의 답은 찾은 듯하다. 답을 찾앉으니 이제부터 뭐를 해봐야 할지는 찾아봐야겠다. 동기부여가 되어 작은 일부터 시작한 도전에 판사님처럼 점점 자신감이 생겨 성취감을 맛보는 날도 오겠지.

고부갈등의 해법

최근 네플 드라마 〈폭싹 속았수다〉를 재밌게 시청했다. 또 하나의 인생 드라마가 될 듯했다. "폭싹 쏙았수다"는 제주 방언으로 "많이 수고했다" 는 뜻으로 주인공 애순이와 관식이를 통해 그들의 희로애락과 삶의 서사를 그려냈다. 젊은 애순이부터 그녀의 딸 금명이의 인생 서사를 눈물이 쏙 빠지게 그려내면서 시청사들의 마음을 울고 웃게 만들었다.

절반을 시청했을 때 인상 깊었던 부분은 오직 애순이에 대한 변함없는 사랑과 무쇠 같은 관식이의 성실함과 우직함 외에도 관식이가 애순이가 고부 갈등을 겪을 때 대처한 방법이다. 고부 갈등에서 가장 중요한 건 남편의 태도이다. 서로 무난한 성격에 특별히 모나지 않으면 무던히 넘어갈 수 있는 문제들이 유독 완강한 시어머님과 자기주장이 강한 며느리. 그 사이에서 우유부단한 남편이 가장 문제인데 그 드라마에선 그 장면을 통쾌하게 풀어냈다.

처음부터 못마땅하게 여겨 반대한 결혼, 결혼을 허락했으니 며느리가 그저 고개 숙이며 살길 바란 시어머님, 애순이도 순종적인 성격은 아니지만 그 와중에 남편 관식이는 대담했다. 할머니와 엄마의 눈치 보며 살라고 데리고 온 여자 아니고, 내가 살려고 데리고 온 여자라며 당당히 애순이의 손을 잡고 집을 뛰쳐나온다. 그 순한 관식이는 애순이만큼은 어떤 어려운 상황에서도 지켜내는

지고지순한 사랑을 가진 남자였다. 경우에 맞지 않는 경우가 아니라면 아내 편인 남자가 옆에 있다면 고부갈등은 의외로 쉽게 해결된다.

고부갈등의 사례를 많이 봤다. 이혼의 사유가 될 만큼 심각하기도 한 것이 고부갈등이다. 남편이 자기편이 아닐 때 가장 서운하다고 말한다. 예를 들어 명절 때 친정에 못 가게 하는 시어머님이나 어떤 사유로 며느리를 지나치게 몰아세우는 시어머님이나 막무가내 시부모님의 경우이거나, 아내의 행동이 정당하고, 노력해도 안 풀어지는 상황이라면 남편은 현명한 선택을 해야 한다. 분별력 없고 무조건 강요하고 복종하기를 바라는 시어머니를 보면서 아내 역시
"나야. 어머니야?"
라며 몰아세우며 선택을 강요할 것이 아니라 둘 사이의 조율을 남편이 지혜롭게 풀어나갈 수 있도록 마음을 열고 대화를 나누어 현명한 선택을 해야 한다.

남편은 아내 편이 되어야 한다. 결혼을 할 때 아내는 남편을 보고 결혼한 거지 시댁 식구와 결혼하는 것이 아니다. 그런데 갈등이 생겼을 때 내 편이 아닌 남편이 무조건 아내에게 참고 이해하라고만 강요한다면 부부 사이는 불협화음이 생길 수밖에 없다. 명절 때 친정에 못 가게 간다든지, 집안 대소사가 너무 많아 육체적 정신적으로 스트레스를 받는다든지, 부부 사이를 힘들게 하면 혼자 다녀오는 방법을 선택하기도 하면서 조율해 가며 아내의 편이

되어주어야 한다. 물론 더 복잡한 문제가 있을 수 있지만 기본 생각만 확고하면 잘 풀어나갈 수 있다고 믿는다.

동고동락을 함께 하다보면 진짜 가족이 되어간다. 결혼한 며느리로서 소임을 전혀 하지 않으면서 권리만 주장해서도 안 되고, 며느리의 입장은 전혀 생각 않고 시대가 변했는데도 여전히 순종적인 며느리이기만 바라서도 안 된다. 서로 조금씩 맞춰가며 원만한 가족으로 조화를 이루어야 한다. 부부가 화합하고 집안의 문제가 없고 서로의 마음이 편해야 근심거리가 줄고 어떤 어려움도 견딜 수 있는 화목한 가정이 된다.

아내를 데리고 나와 비록 없는 살림이지만 끝까지 책임지며 가족을 위해 묵묵히 헌신과 사랑을 다하는 남편. 그 남편에게 고마운 마음을 갖고 씩씩하게 어려움을 헤쳐나가는 아내. 그 사이를 지켜보다가 끝내는 아들 며느리의 편으로 돌아서는 가족을 보며 고부갈등의 해법에서 가장 중요한 건 변함없는 내편이란 신뢰를 주는 남편의 적극적 행동이라고 확신한다. 부부간의 신뢰와 변함없는 사랑은 어떤 문제도 이겨내게 한다. 힘들어도 참아낼 힘을 주고, 형편이 어려워도 함께 도울 힘을 주고, 어려운 상황에도 서로 의지할 힘을 준다. 고부갈등을 지혜롭게 해결해나갈 힘을 주는 건 당연한 결과이다.

나도 작년에 생각도 못한 조금 이른 나이에 시어머니가 됐지만 며느리가 너무 이쁘기만 했다. 아들밖에 안 키워본 나로선 집안에 화사한 꽃이 집안에 들어온 기분이다. 말 한마디도 아들들과는 틀리고, 마음을 써줄 때면 그저 감동이다. 아들들에게도 며느리에게 더 잘 하라고 뭐든지 들어주고 잘 해주라고 조언한다. 뭐든 주고만 싶은 마음인데 서로 그 마음을 잃지 않는다면 고부 갈등이 일어날 일은 없을 것 같다. 아직 더 살아봐야 알겠지만 말이다.

'쿨'한 부부

아침에 날씨가 좋아 김밥을 싸서 남편과 한강으로 산책을 나갔다. 한강 공원에 갔다가 선유도 공원까지 걸어가기로 했다. 김밥 두 줄을 사서 한강 라면도 먹어볼 겸 집을 나섰다. 도착하니 평일인데도 차가 꽤 많았다. 편의점에서 산 라면이 컵라면에 물을 넣어 먹는 라면으로 알고 있었는데 직접 끓여 먹는 라면이었다. 라면 종류별로 생라면을 용기에 넣어 기계를 누르면 물이 나오고 알맞게 끓여지니 신기했다. 왜 젊은이들이 한강 라면을 선호하는지 알 것 같았다. 가끔 데이트 장소로 한강을 가는 아들을 보면서도 가까운 곳인데도 오래간만에 가게 됐다. 날씨가 너무 좋은데다 산책로가 잘 되어있어 한강의 매력을 느끼며 유유자적 걷기 좋았다. 텀블러에 담아간 커피도 마시면서 두 시간 이상 6천 보쯤 걷고 나니 시간이 금방 지나갔다. 소소한 일상의 기쁨이다. 밖에 나오면 꽃들이 펼친 향연을 마주하며 산새가 지저귀는 소리를 들으며 대화를 나누다 보면 행복이 별 게 아니란 생각이 든다.

작년에 결혼 30주년을 맞으면서 벌써 30년을 살았나 싶은데 되돌아보니 함께 하며 이룬 것이 참 많았다. 자녀를 함께 잘 키워냈고 26년 일한 회사에서 명퇴하며 명퇴금으로 크진 않지만 노후 대책도 해두고 재취업에도 성공해 지금까지 일하고 있으니 만족한다. 재작년엔 결혼 30주년 기념으로 언니들 부부와 이태리를 다녀오고, 작년엔 남편 환갑 기념으로 친구 부부들과 보홀 여행을 다녀온 것도, 지금까지 큰 갈등 없이 무탈하게 살아온 것도 늘 감사하다.

무엇보다도 두 아들이 장성해 경제적으로도 정신적으로도 자립한 것은 가장 감사한 일 중의 하나이다. 작년 봄에 작은아들이 결혼하고 올봄이면 큰아들까지 결혼할 예정이라 이제 우리 부부의 단출한 삶만 남았다. 부부가 맞지 않는다면 힘들 수 있는 시기이다. 순조롭게 진행된 아들의 인류지대사에도 격세지감을 느낀다.

주변에서 부부가 지내는 모습을 보면 참 다양하다. 부부 문제는 부부만 안다는 말은 괜히 있는 말이 아니다. 성격도 생각도 사는 방식도 생활 습관도 정말 다르다. 우리 부부는 집에서 있을 때나 밖에서도 서로 자기 일을 하며 터치하지 않는다. 특별한 일이 없으면 전화도 잘 하지 않는다. 전화가 오면 첫 마디가
"왜요? 무슨 일 있어요?"
이유가 없으면 전화를 안 하기 때문이다. 큰 불만은 없다. 아는 지인은 밖에 나가 있으면 수시로 전화가 온다. 아직도 사랑이 넘치나 보다고 말하면 귀찮아 죽겠다고 대답한다. 하루에도 몇 번씩 전화하는 남편이 귀찮다는 지인은 자기에게 집착하지 않았으면 좋겠다고 말한다.

반대로 남편에게 늘 집착하는 지인도 있다. 일거수일투족이 다 신경 쓰이고 자신만 더 사랑하는 것 같다며 억울해한다. 그때 내가 예전에 읽은 법륜 스님의 〈인생 수업〉이란 책에 나온 구절을

이야기해 주었다. "더 사랑해서가 아니라 더 기대해서 외로운 거다." 법륜 스님은 남편을 쳐다보기만 해도 아직 좋고 남편에게 계속 신경 쓰는 자신이 싫어 남편을 덜 사랑하고 자신을 더 사랑하며 자유로운 마음을 갖고 싶다는 고민을 털어놓은 한 아내에게
 "바라는 것이 사람을 외롭게 하는 것이니 기대 없이 사랑하면 된다."라고 조언해 주셨다. 바다나 산이나 꽃을 좋아하는 건 내가 행복하니까 좋아하는 거지 대가를 바라고 좋아하는 것이 아닌 것처럼 바라보면 기분 좋으니 그냥 기대하지 말고 사랑하라고 말이다.

 어떤 부부는 서로 너무 소원해져서 그냥 마지못해 산다는 부부도 있고 서로 맞지 않지만 맞춰가며 살기도 하고 여전히 알콩달콩 꿀이 뚝뚝 떨어지는 부부도 있다. 우리 부부는 30년쯤 살다 보니 굳이 말하지 않아도 통하고 서로 익숙해져 필요한 대화만 나눠도 불편함이 없다.
 우리도 어떨 때는 너무 무미건조하고 무덤덤해져서 소원한 게 아닐까 싶어 일부러 시간을 함께 보내려고 나간다. 별일 없으면 함께 자유 수영을 가거나 자주 산책을 간다. 근처 공원을 산책하거나 호수공원을 걷다보면 주저리주저리 할 얘기들이 생긴다. 그리고 돌아와선 각자 자기 일을 한다. 가끔 여행을 계획하면 더할 나위 없이 좋다. 올해는 두 아들 결혼을 잘 마친 기념으로 스페인 여행을 계획하고 있다.

 요즘 드럼을 배우는 남편은 몇 개월 강습 후에 전자 드럼을 샀다. 아들이 결혼하고 짐이 줄어든 방에 드럼을 사두어 시간만 나

면 연습을 한다. 난 글을 쓰거나 책을 읽으면서 각자의 취미를 즐기면서 여백이 있는 삶을 즐긴다. 나보다 모임이나 약속이 적은 남편은 내가 어딜 가도 신경 쓰지 않는다. 며칠 여행 갈 때도 식사 걱정을 하면 "알아서 먹을게!"라고 '쿨' 하게 말하는 남편에게 늘 고맙다. 서로 집착도 간섭도 안 하면서 서로를 존중하며 '쿨'하게 사는 우리 부부의 삶에 대만족이다.

알아서 먹을게!

여행을 자주 다니는 내가 남편 밥걱정을 안 하고 다니는 이유만으로 친구들과 자매들에겐 부러움의 대상이다. 여행을 앞두면 의례히 식구들 며칠 먹을 음식 준비가 제일 관건이다. 한 친구는 주로 고기반찬과 육계장. 한 친구는 주로 카레. 언니는 미역국을 한 솥 끓여놓고 온다. 우스갯소리로 아내가 사골국을 끓이면 남편들은 한숨부터 쉰다고 한다. 사골국 끓이면 집을 비운다는 시그널이고 혼자 사골국에 김치 놓고 며칠 밥을 챙겨 먹어야 하는 생각이 앞서기 때문이란 웃픈 말이다.

여행을 앞두면 다들 분주해진다. 나도 처음엔 미안해서 음식 준비를 하려고 했다. 아이들이 있을 때는 당연히 간편하게 먹을 수 있는 닭볶음탕이나 제육볶음 등을 준비해두지만 그때나 지금이나 남편 식사 걱정은 열외이다.

"뭐라도 해놓을까?"

하면 늘상

"알아서 먹을게!"

라는 답이 돌아와서 이젠 묻지도 않는다. 남편이 알아서 먹겠다는 말은 사서 먹겠다는 말이 아니고 해서 먹는다는 뜻이다. 여행 다녀와서 뭐 해 먹었는지 물으면 주로 냉동고 비우기를 열심히 해낸다. 떡만두국도 혼자 끓여 먹고 김치와 어묵만 넣은 잔치국수도 해먹는다. 샌드위치와 김치 볶음밥은 단순 요리에 불과하다.

참 이상한 남자이다. 사 먹는 것보다 해 먹는 걸 좋아하고 남이 해준 것보다 자기가 한 음식이 제일 맛있다는 사람이니. 대학교 때 자취도 하고 어머님이 일하느라 바쁘실 때 혼자 밥을 잘 해먹어서 그런지 음식 하는 걸 어려워하지 않고 즐긴다. 게다가 맛있고 보기에도 예쁘게 만들기까지 한다. 내가 만든 계란말이와 남편의 계란말이만 봐도 확연히 차이가 나서 아들들은 금방 알아차린다. 두껍고 투박한 계란말이와 얇고 부드러우며 정갈해 보이는 일식집에서나 나올 것 같은 계란말이는 비주얼 자체가 다르다. 비교 자체가 안 되지만 어쩌랴.

아들들은 어릴 때 아빠가 해준 음식을 많이 먹고 자라서 그런지 감동보다는 당연시 여겨
"너희들도 이다음에 꼭 해줘라."
하면 자신 없다며 고개를 절레절레 흔든다. 보고 배운 게 있으니 할 거라고 나름 믿는다. 여자들이 여행을 좋아하는 이유 중 하나가 내 수고 안 들이고 식사하는 것과 집안일에서 벗어나는 것이다. 가장 맛있는 음식은 그저 "남이 해준 음식"이라고 말할 정도이다. 그런 면에서 난 음식에서 해방된 자유로운 여자이다.

음식 만들기에 부담이 없는 남편. 늘 알아서 먹겠다는 남편. 나보다 음식 솜씨가 더 좋아 뭐든 맛있게 요리하는 남편. 눈과 입까지 즐겁게 하는 솜씨 좋은 남편을 둔 나는 어디를 가도 부담이 없는 행복한 여자임이 분명하다.

인생

[애야, 너는 머리가
좋은 아이가 아냐

노력을 하니까
그만큼이나 하는 거야

어려서 외할머니
그 말씀이 나의 길이 되었다]

—나태주 시인(2015)—

　나태주 시인님의 〈인생〉이란 시이다. 시인님이 어려서 들은 머리가 좋진 않지만 노력하니깐 그만큼 한다는 외할머니의 말씀이 자신의 길이 되었다는 짧은 시는 참 담백하면서도 뭉클했다.

　자신의 정체성을 아는 것, 조금 부족해도 앞으로 나아가는 것, 좋아하는 것을 찾아 꾸준히 노력하는 것, 잘 하는 것이 무엇인지 찾는 것, 같은 방향으로 끊임없이 가보는 것, 때론 다른 길을 찾아 도전하는 것, 그때그때 만나는 문제들을 지혜롭게 풀어나가는 것 등이 인생이 아닐까 싶다.

한마디로 정의하기 힘든 것이 인생이다. 철없던 시절엔 어디로 흘러갈지 모르기에 불안한 청춘이고, 나이가 드니 삶의 무게가 점점 가중되다 보면 감성은 잃고 팍팍한 현실만 남는다. 힘든 시간이 지나가고 어느덧 인생의 중반을 넘어가면서 일희일비하던 시간들이 지나며 여유와 안정이 찾아온다.

인생은 어찌 보면 단순하고 어찌 보면 복잡하다. 하루도 바쁘지 않은 날이 없을 때가 있었고 마냥 시간이 더디게 가다가도 갑자기 화살처럼 빨라지기도 한다. 불행과 행복이 교차되며 복잡 미묘한 일들을 겪다 보니 시간이 흘러 어느새 중년기를 맞았다. 나쁘지 않다. 나이대별로 보는 세상이 다르기에 의미도 가치도 달라진다. 지금은 서둘지도 재촉하지도 않고 슬로우 루틴을 가지려고 애쓴다.

예전 같은 젊음은 없어도 중년의 성숙미가 담겨있고 여유와 안정이 있다. 열심히 달려온 결과물일 수도 있고 주어진 하루하루에 최선을 다해 얻어진 경험치 이다. 중요한 건 하루하루 평안함에 매 순간 감사하다. 하루아침에 무슨 일을 겪을지 모르는 인생에서 하루하루 살아가는 이들에게 감사와 안온함이 깃들기 바란다.

좋은 머리는 아니었지만 앞만 보고 열심히 달려왔고 가진 것이 많지 않았지만 기회를 만들고, 때에 맞는 선택과 성실함으로 책임을 다했다. 그러다 보니 지금의 여유가 주어졌다. 아직 좋아하는 일을 할 수 있다는 감사함, 실력은 충분하지 않지만 글을 쓸 수 있는 즐거움, 사랑하는 이들과 함께 하는 따뜻함 등 소소한 기쁨이 거창하지 않지만 나를 행복하게 만드는 이유들이다. 인생은 그렇게 흘러가서 나를 지금의 자리에 놓아두었다. 나를 쓰다듬는다.

모전여전

수영을 가기 위해 이를 닦고 준비를 마쳤다. 거울을 보니 눈곱이 보였다. 수영을 가니 세수를 안 한다지만 그냥 나갔다가 엘리베이터 안에서 이웃들이라도 만났다면 내 꼴이 얼마나 우스울까 싶어 피식 웃었다. 거울 앞에 비친 내 모습을 보니 머리는 질끈 묶고 염색할 시기가 지나 희끗거리는 머리카락에 전혀 가꾸지 않는 50대 중반 게으른 아줌마 모습이었다.

어릴 때 엄마가 딱 그랬다. 집에선 화장한 모습 한 번 못 보고 자랐다. 결혼식이나 외출할 일 없을 땐 늘 부스스한 짧은 파마머리에 고무줄 다 늘어난 몸배 바지를 입고 있는 것을 보면서 이웃에 사는 아주머니들과 많이 비교했다. 이웃에 사는 한 아주머니는 집 앞에서 마주칠 때도 곱게 화장하고 늘 단정히 옷을 차려입고 계셔서 항상 단아해 보였다.

집에 들어가면 엄마의 부스스한 모습과 비교되어 투덜거린 적도 있었다.

"엄마. 옷이 그게 뭐야? 이제 고무줄 늘어난 바지는 좀 버리지 그래. 머리 좀 빗어요. 부스스해요." 그러면 "뭐가 어떠냐."고 "편하면 됐지."라고 항상 같은 말을 하신다.

엄마는 자그마한 키에 작은 얼굴에 젊을 때 한 미모 하셨다. 아버지가 한눈에 반해 쫓아다녔을 정도로 예뻤지만 오남매 키우면서 자신보단 자식들에게 헌신하며 사느라 가꿀 새도 없지만 사실 관심도 없으셨다. 자식들에게 바라는 것도 없으셨다. 그저 잘 자고 잘 먹고 건강하면 된다는 엄마의 사고방식은 내 마음에 들지 않았다. 자식들에게 공부하란 말도 한 번 안 하셨다. 자극도 주시고 동기부여로 힘을 불어넣어 주셨다면 어땠을까 하는 아쉬움도 살짝 있다.

난 엄마의 꾸미지 않는 모습이 마음에 안 들었다. 여자 남자를 떠나서 예쁘게 꾸밀 줄도 알고 자기를 열심히 가꾸어 돋보이게 하면 좋을 거라며, 난 그렇게 안 살 거라고 생각했다. 지금도 여전하시다. 딸들이 사다 준 예쁜 옷이 많아도 제일 편한 옷만 찾아 입으신다. 예쁜 옷은 항상 옷걸이에 얌전히 걸어놓고 아끼신다. 교회 갈 때나 결혼식 갈 때나 제대로 갖춰 입으실까. 어떨 땐 우리가 경악할 때가 있다. 추운 겨울에 우리 집에 오실 때 보면 외투가 아닌 조끼만 입고 나오신다거나 외부 식사 자리라고 말해도 집에서 입는 편안한 꽃무늬 바지를 입고 나오셔서 외출할 땐 다시 옷을 갖춰 입게 하는 일이 다반사이다.

난 그런 엄마를 약간 게으르다고 단정하기까지 했다. 부지런하다면 자신을 저렇게 방치할 수 없다고 말이다. 87세가 되신 시어머님은 혼자 살수록 추레해지면 안 된다고 집 밖에만 나가셔도 옷을 갈아입으셨다. 자기 관리를 철저히 하시는 어머님이 좋아 보이고 상대적으로 엄마와 자꾸 비교가 된다. 하지만 지금 내가 딱 그렇다. 집에선 고무줄 바지에 목이 답답한 옷을 입지 못 하는 체질이여서 면 티에 훅 파여 목이 늘어난 티만 찾아 입고 있다. 딱 내가 싫어하던 엄마의 그 모습이다.

언니 친구는 남편 앞에서 화장을 안 한 모습을 한 번도 보여준 적이 없다고 한다. 집에서도 일어나면 화장부터 하고, 한 지인은 집에서도 썬크림을 꼭 바른다고 한다. 난 외출할 때도 간단한 화장에, 집에서 나가지 않을 때는 세수도 안 하고 있을 때도 있다. 저녁때나 세수하고 자기 전엔 이것저것 바르지만 크게 애쓰진 않는다. 화장도 10분이면 끝나고 눈 화장은 가끔 마스카라는 불편해서 거의 하지 않는다. 화장을 하나 안 하나 비슷해서 화장품 살 일이 별로 없어 돈 들어갈 일이 없으니 남편에게 감사한 줄 알라고 얘기하면 화장품 값 아끼지 않아도 되니 가꾸라고 농담 반 진담 반 섞어 말한다. 편안하게 지내는 집에서까지 굳이 왜 화장을 하고 있어야 하는지 난 귀찮아서 못 한다. 가꾸어서 화사해 보이면 좋은데도 그게 참 안 되는 걸 보면 꾸미고 화장의 요령도 배울 필요가 있다.

친구들 모임에 가면 화장을 잘하는 친구들의 화장법이 부러울 때가 있다. 조카는 외출할 때면 한 시간씩 화장하고 단장하는데 시간을 쓴다. 나올 때면 완전 다른 사람이 되어서 나와 "누구세요?" 하며 놀리기도 한다. 억지로는 안 된다. 자기가 좋은 대로 자기 개성과 자기 방식대로 살면 되는 것이다. 그걸 잘하네 못 하네 왈가왈부할 필요가 없다.

외모가 아니더라도 대신 내면을 가꾸면 되지.' 하면서 자기 합리화를 하는 나를 보면 웬걸 예전 엄마 모습과 크게 다르지 않은 모전여전이다. 습성만 닮는 것이 아니라 성품까지 닮는다. 일부러 가르치지 않아도 행동으로 몸소 보이기 때문에 말과 행동들이 자연스럽게 스며들면서 나도 모르게 배어나온다.

인심 좋고 인정 많은 엄마가 그랬듯 우리도 보고 자란 것이 있어 어려움을 당한 이들을 그냥 지나치지 못한다. 무거운 물건을 들고 가는 할머니의 짐을 들어드리거나 목욕탕에서 어르신들의 등을 밀어드리는 것은 기본이다. 음식을 할 때도 항상 넉넉히 해서 이웃들과 나누고 병문안 갈 때면 정성껏 찰밥이나 닭백숙을 해서 갖고 가는 엄마를 보고 자라서 그런지 우리 자매도 비교적 주변을 헤아린다.

큰언니는 작년 가을에 낙엽을 밟고 미끄러져 발목을 다쳐 병원에 입원한 친구에게 김밥은 기본이고, 김장을 못 했다면서 김치 한 통을 주었다. 오래 투병하고 있는 친구에게는 자주 반찬을 해다 주면서 마음을 써준다. 작은언니도 아픈 친구에겐 한달음에 달려가서 마음을 전하고 온다. 막내 여동생은 같이 일하는 어린이집 선생님들이나 지인들에게 직접 만든 샌드위치에 커피를 자주 전하고, 언니들이 아프다면 일하느라 바쁘면서도 닭백숙을 끓여 들고 오는 인정 많은 동생이다. 다들 엄마를 닮아 인정이 많고 심성들이 곱다. '나만 잘 살면 되지'가 아닌 '다 같이 잘 살아야 한다.'는 생각을 갖고 사는 우리 자매들 역시도 모전여전에서 크게 벗어나지 않는다.

나의 수영 일지

수영을 가는 날은 즐겁게 집을 나선다. 일주일에 세 번 강습 받으며 꾸준히 운동하니 좋다. 수영을 못할 때는 수영장이나 바다에 가도 발만 담그거나 몸을 사려 물놀이가 재미가 없었는데 지금은 물 만난 고기처럼 즐겁고 온전히 물놀이를 즐기니 신난다. 작년 여름 두 번이나 야외 수영장에 다녀와서 수영하는 장면을 동영상으로 찍어 부족한 부분까지 알게 되면서 개선 중이다.

힘든 수영 강습 과정과 어렵게 배운 수영 일지를 고스란히 글 속에 담아두었다. 2019년 코로나가 기승하기 4개월 전에 수영 강습을 시작했다. 남편이 먼저 수영을 배우면서 좋은 운동이라며 내게도 적극적으로 권해 그 어렵다는 신규 등록까지 해주면서 시작한 수영이었다. 엄두도 안 났던 수영에 입문 시켜준 남편이 정말 고맙다.

발차기부터 숨쉬기. 자유형을 시작으로 배영. 평영 발차기까지 배웠다. 처음엔 수영이 너무 어려워 운동 신경이 없나보다 포기할까도 생각했다. 특히 숨쉬기가 안 되면서 중간에도 몇 번이나 멈추어 스트레스도 많이 받고 강습에서 뒤쳐지기 일쑤였다. 시간 날 때마다 남편이 수영장에 데려가서 가르쳐 주었다. 집에선 유튜브로 숨쉬기만 열심히 보고 코로 숨을 쉬어야 한다는 요령을 터득해 처음으로 쉬지 않고 끝까지 완주했을 때 정말이지 뿌듯했다.

수영 잘 하는 사람들을 부럽게 바라보고 유아 풀조차 끝까지 가지 못 했던 나로서는 장족의 발전이었다.

자유형이 되자 조금씩 흥미가 생겼다. 배영을 배우는 건 힘들었지만 물에 누워서 뜨는 것만으로도 큰 성과였다. 바다에 누워 하늘을 바라보는 것은 나의 버킷리스트 중 하나였다. 수영장이나 바다에 편안하게 누워 파란 하늘과 구름을 바라보는 사람들의 모습이 너무 신기하고 부러웠다. 남편이 바다에 갈 때면 힘을 빼고 누워보라고 몇 번 가르쳐 주면서 시도했지만, 중심을 잡기도 전에 뒤집혀서 물만 먹었다. 물에 누워서 떠 있는 건 내겐 공포감이 몰려오는 일이었다. 지금은 누워서 어설프지만 앞으로 나간다는 것과 배영을 한다는 것만으로 만족한다. 모든 영법이 어설프고 잘하진 못하지만 욕심부리지 않고 편하게 즐기자는 마음으로 수영에 한참 재미를 붙일 때쯤 코로나가 찾아왔다.

점점 더 확산되면서 사람들은 당황했다. 마스크 쓰기와 거리두기. 모임 시간 제한과 인원 제한. 학교는 온라인 수업으로 회사는 재택근무를 시작하면서 처음 겪어본 펜데믹에 우리 일상은 무너져버렸다. 당연히 수영 강습도 중단되고 잠시 자유 수영이 허용되었을 때 열 체크와 QR 코드 확인으로 간간이 남편과 수영을 다녔다. 4개월 배운 수영 덕분에 2년을 자유 수영을 다닐 수 있어 그나마 운이 좋았다. 그런 여가마저 누리지 못 했다면 정말 지루하고 축 쳐져서 무료했을 것이다.

배워보니 수영은 참 좋은 운동이다. 큰 무리 없이 전신 운동이 되고 폐활량도 좋아진다. 50분 정도 수영하다 보면 시간이 금방 지나가고 힘들어 수영을 하다보면 복잡한 머리를 식히고 잡념도 잊게 된다. 남편과 취미 생활을 같이 하면서 함께 보내는 시간도 늘고 공유할 얘기가 많아지니 여러모로 좋다.

다시 강습이 시작되었을 때 평형이 문제였다. 평형 발차기가 전혀 안 되고 아무리 연습해도 앞으로 나가지가 않고 늘 제자리였다. 시간 날 때마다 유튜브 강습을 보았지만 성과가 없었다. 강습 전에 남편이 자유형 발차기에 평형 손동작을 가르쳐주어서 겨우 됐는데 발차기까지 하려니 박자도 안 맞고 아무리 해도 제자리였다.

한 단계 아래로 반 변경을 신청한 덕분에 친절한 강사님을 만나면서 발차기가 조금씩 나아졌다. 서두르지 말고 천천히 하라며 다른 레인에서 따로 혼자 발차기만 연습시켰다. 처음엔 나머지 공부 하는 학생처럼 창피했지만 자꾸 연습해보니 조금씩 나아가고 손동작과도 박자가 맞기 시작했다. 평형 발차기에선 발목이 풀리면 안 된다고 강조하셨는데 그게 된다고 칭찬하셨을 때 뛸 듯이 기뻤다. 처음부터 끝까지 안 쉬고 갈 수 있게 되었을 때는 수영을 포기하지 않길 정말 잘했다고 스스로 칭찬했다.

여전히 배영은 발차기에 힘이 많이 들어가서 다리가 가라앉아 즐겨하지 않고 지금은 평형을 가장 즐겨한다. 폼이 아직 어설프긴 해도 숨쉬기가 편해서 자유형과 평형만 교차로 해도 수영이 너무 재밌다. 팔 꺾기와 접영과 오리발을 시작했을 땐 운동 실력이 썩 좋은 편이 아니라서 다시 걱정이었다. 더디게 갈게 뻔했지만 어쩌랴. 힘겹지만 또 따라가야지. 접영을 잘하는 남편을 볼 때마다 부럽다. 지금도 접영은 내겐 힘든 영법이고 만세 접영처럼 폼도 우습지만 열심히 따라가고 있다.

　모든 일이 그렇듯 수영도 스스로 터득하고 애써 반복해 노력하지 않으면 발전이 없다. 연습만이 해법이다. 그래도 포기하지 않고 여기까지 온 게 어디냐며 스스로를 다독인다. 지금은 네 가지 영법을 다 하긴 해도 자유형과 평형과 한팔 접영만 잘한다. 사이드 턴을 해가며 다섯 바퀴는 거뜬히 돌만큼 실력이 늘었다. 여전히 자세는 엉성해서 교정 중이지만 일주일에 세 번 강습이 나의 중요한 루틴이 되었다. 운동은 건강의 비결이며 생활의 활력이며 에너지를 충족하게 한다. 운동을 고민 중인 사람들이 있다면 전신 운동인 수영을 권하고 싶다.

　남편과 작년에 동남아에 가서 좋아하는 망고도 실컷 먹고 호텔 수영장에서 유유자적 수영을 하며 놀다 오면서 수영을 배우기 참 잘 했다 싶었다. 물놀이가 신나고 쳐다만 보던 수영장이 놀이터가 된 기분이었다. '자세가 좀 안 좋으면 좀 어떠랴! 내가 좋으면 되는 거지! 수영 선수가 될 것도 아닌데 조금 더디면 어떠랴! 즐기면 되지!' 내 긍정 모드가 발휘되며 수영은 계속 않을 것 같다. 스스로를 격려하며 오늘도 수영을 하러 집을 나선다.

눈물의 의미

　슬픈 드라마를 봐도 눈물이 나지 않는 내가 가끔 이상하다는 생각이 든다. 마음은 뭉클하고 짠해도 드라마는 드라마이고 영화는 영화일 뿐이란 이성이 작동한다. 눈물을 흘리지 않는다고 감정이 메마른 건 아니다. 충분히 몰입하고 공감하지만 감성보다 이성이 조금 더 강한 것뿐이다.

　최근 〈폭싹 속았수다〉란 드라마와 지난 번 〈눈물의 여왕〉이란 드라마를 재미있게 시청했다. 〈눈물의 여왕〉의 경우 시작부터 오래간만에 드라마를 찍는 두 배우의 케미가 화제가 되었는데 실망시키지 않았을 만큼 둘의 연기가 완벽했다. 회 차가 거듭될수록 흥미진진했고 서로 애증의 관계였던 부부가 여주가 아프면서 사랑이 진심이었음을 깨닫는 것이 주된 내용이다. 해피엔딩으로 막을 내린 드라마는 화제성도 끌고 시청률도 잡았다.

　마지막 종영을 하고 그다음 주에 스페셜 방송을 보여주어 시청하면서 남주가 드라마에서 눈물을 흘린 횟수가 총 40번이란 숫자가 언급되었다. 또 주인공들이 울 때마다 시청률이 상승했다는 통계를 보여주었고 시청자들이 함께 우는 모습까지 영상으로 담아 보여주었다. 여기서 내가 좀 놀랐다. 난 그 드라마를 보면서 눈물을 흘린 적이 없었기 때문이다. 우는 장면에 몰입하면서도 '연기를 잘 하네!'라는 생각만 들지 눈물이 흐르진 않는다. 유독 눈물이 없는 내가 이상한 건지 의문이 들었다.

〈폭싹 속았수다〉의 경우는 남자들과 외국인들까지 울렸다는데 난 마지막 시청까지 감동만 받았지, 눈물은 흐르지 않았다. 눈이 퉁퉁 부었다는 지인도 있었고, 마지막 회를 함께 보던 남편이 코를 풀고 오길래 "울었어?" 하며 놀리기도 했다. 눈물을 흘리지 않는다고 감동이 없는 건 아니다. 충분히 공감하고 감정이입이 되었음에도 눈물이 나지 않는 것은 성향 차이일 것이다. 심지어 난 MBTI에선 사고형 T가 아닌 공감형 F이다.

살면서 크게 울어본 기억도 별로 없다. 친구나 형님. 아버지가 떠났을 때를 제외하곤 크게 통곡한 일도 자주 눈물을 흘려본 일도 없다. 그때는 거의 오열하다시피 울어서 내 눈에서 눈물이 그렇게 많이 나오리라고는 상상도 못했다. 예전에 〈지금 헤어지는 중입니다〉라는 드라마 마지막 회를 보면서 친구를 떠나보내는 두 친구의 마음과 영정 사진을 보며 감정이입이 되어 나도 모르게 눈물이 흘렀다. 5년 전 투병하다가 먼저 떠난 친구가 기억나면서 눈물 흘리며 본 그때의 감정을 차분히 글로 쓰면서 〈아름다운 헤어짐〉이란 제목으로 응모한 글이 아이러니하게도 '글로벌 시니어 수필'에 당선되는 기쁨을 주었다. 가슴 벅찬 경험이었다.

"드라마의 감동과 현실에서 동일한 경험을 표현하고 죽음의 문제를 다루고 있지만 모두가 공감할 수 있는 모티브를 잔잔하면서 치밀하게 풀어내고 있으며 모두에게 실화가 될 수 있음을 증명이라도 하듯 사실적이며 이런 사실로 절망하는 것이 아니라 남아있는 생을 오히려 의미 있고 아름답게 살아야 한다고 말해준다."라는 소중한 심사평까지 해주셔서 감격했다. 내 감정이 무미건조한 것이 아니라 이성적으로 풀어간다는 것을 알게 된 순간이어서 기뻤다.

작년 봄에 작은아들 결혼식 날 친구들이 울지 말라고 당부해서 눈물이 날까봐 걱정했다. 다른 결혼식에서 아들 며느리가 그동안 키워주신 부모님께 인사드리는 걸 보면 가장 뭉클했고 부모님들도 그 순간 눈물을 많이 흘리는 걸 봐서인지 직접 경험하면 그때 눈물이 날 수도 있겠구나 싶었다. 안사돈께 먼저 아들이 큰절을 올릴 때 안아주시고 딸을 안으면서는 눈물을 훔치시는 모습이 보였다. 나도 약간 걱정이 됐지만 큰절을 받으니 감개무량하고 기쁘고 대견했지, 눈물이 나진 않았다. 며느리를 먼저 따뜻하게 안아주고 아들을 안아준 뒤에 볼까지 쓰다듬어 주었다. 기쁘기만 했다.

가끔 대화를 하다가도 눈물 흘리는 친구를 보면 위로를 하면서도 유독 눈물에 공감을 못했지만 그건 '다른 거지, 이상한 것이 아니다'라는 결론을 내렸다. 감정이 좀 무딘 것은 사실이지만 눈물이 없다고 인정이 없지는 않다. 이성이 조금 더 발달된 것뿐이다. 한 가지 사실만으로는 절대 사람을 판단하지 말아야 한다.

시간을 거슬러

큰아들은 회사가 용인이어서 기숙사에서 지내다가 일주일이나 가끔은 이주일 만에 온다. 직년 화이트데이 때 일이다. 2주 만에 집에 온 아들은
 "엄마. 선물!"
이라며 화이트 데이 사탕을 건넸다. 내가 좋아하는 이탈리아 레몬 사탕이었다. 그것도 노란색 레몬만이 아닌 분홍색 오렌지 맛이 섞인 보기에도 예쁜 사탕이었다. 안 그래도 매주마다 오던 작은아들이 결혼한 후에 이제 안 온다고 생각하니 헛헛하던 차에 아들의 사탕 선물에 함박웃음과 함께 마음까지 밝아졌다. 그런 엄마 마음을 알기라도 한 것처럼 사탕을 주는 아들에게 말했다.
 "이제 엄마 선물도 살 줄 아네. 여자 친구가 생기니 달라졌어."
 "이제 철들고 어른이 된 거죠!"
하며 싱글거리는 아들의 볼을 만지면서 고맙다고 말했다.

큰 아들이 연애를 하면서 진짜 많이 달라졌다. 자긴 상 남자라며 드라마에 나오는 사랑 고백하는 대사를 보면 오글거린다며 자긴 절대 저렇게 할 수 없을 거라던 아들이 여자 친구와 전화하는 걸 들어보면 오글거림 자체이다. 꽁냥꽁냥 무슨 할 말이 그리도 많은지 만나고 들어와도 한 시간씩 전화를 붙들고 산다. 그 모습을 보며 혼자 배시시 웃는다. 사람은 변하기 마련이다. '츤데레'처럼 무뚝뚝하지만 속 깊은 아들은 진짜 표현을 못 했다. 어버이날

쓴 손 편지에도 간단한 형식적인 말 한마디에 카네이션 살줄도 모르던 아들이어서 매번 서운함을 안겨준 아들이었는데 지금은 애교가 철철 넘친다.

작은아들이 작년 봄에 결혼 전 네 식구가 제주로 여행을 다녀왔다. 거기에서도 나랑 걸을 때면 큰아들이 손도 잡고 팔짱도 끼고 어깨를 안아주었다. 내가 웃으며 쳐다봤더니 습관이 되어서 그렇다며 멋쩍게 웃었다.
"웬일이래. 우리 아들이. 상 남자라더니. 엄마 서운하려고 하네! 호호호."
사랑을 하니 달라지고 참 좋아 보이니 긍정적인 변화이다.

작년 봄에 작은아들이 결혼을 먼저 한다고 했을 때 큰 아들을 먼저 시키고 싶은 마음이 사실 있었다. 자긴 이제 1년 지나서 내년쯤 하고 싶다며 동생 먼저 보내라며 '쿨'하게 말해준 아들이었다. 어머님은 "장남을 먼저 보내야지 무슨 소리냐"면서 펄쩍 뛰셨지만 큰 손자도 결혼할 여자 친구가 있는 걸 알고는 허락하셨다. 반대하신다고 안 시킬 결혼도 아니고 요즘은 순서를 따지지도 않는데 어머님 입장에선 큰 형이 여자 친구도 없이 결혼하는 동생을 보는 마음이 얼마나 짠하겠냐며 그 마음을 헤아리시고 여자 친구가 있다니 안도하신 것이다.

올 봄이면 큰아들도 결혼 예정이라 1년 사이로 두 아들 모두 결혼을 해서 독립하게 되어 대견하면서도 너무 허전하다. 주말이나마 북적거린 즐거움마저 이제 누리지 못 하겠구나 싶어서 가슴 한 쪽은 허전하다고 말하고 있다. 가정을 이루게 될 아들이 뿌듯하고 새 식구를 맞으니 색다른 기분이긴 하지만 자주 볼 수 없으니 아쉬운 건 사실이다. 하지만 완전한 독립을 이룬 아들들이 대견한 것도 사실이다.

아들들의 인생과 부모의 인생은 별개이다. 오십 중반이 된 지금 아들들이 입사를 하고 회사 기숙사로 벌써부터 둘 다 독립했을 때 처음엔 집이 텅빈 것처럼 허전했다. 만약 내가 바쁘게 살지 않았다면 아마도 빈 둥지 증후군을 경험했을 지도 모른다. 그나마 일도 있고, 취미도 있고, 자매들도 가까이 있고, 두 어머님 챙기면서 친구에 지인도 많고 교회 생활에 늘 바쁘게 지내서 심심할 겨를이 없는 나여서 다행이다. 두 아들에게 해바라기만 하진 않아서 외로울 틈도 없지만 그럼에도 마음이 허전한데 매일 같이 지내던 자식늘 분가시킨 부모들은 더 허전할 것 같다는 생각이 들었다.

자식이 커서 독립하는 건 당연하다. 오히려 만혼이 되었는데도 비혼 주의 선언으로 걱정이 한가득인 사람이 많다. 때가 되면 독립하고 스스로의 삶을 책임지며 사는 자식들에게 감사하고 엄마 마음까지 헤아려주는 아들들에게 고맙다. 이제 아들들을 신뢰하면서도 크게 의지하지 않는 독립적 삶이 가능해졌다. 아들들의 가정과 삶을 존중하고 멀찌감치에서 응원하며 우리를 필요로 할 땐 언제든 달려갈 준비를 한다.

우리 두 아들들은 참 순하게 컸다. 온순한 아빠와 차분한 나를 닮았다는 말을 많이 들었다. 물론 지금은 절대 차분하지 않는 성급하고 덜렁거리는 아줌마가 됐지만 예전엔 차분하단 말을 많이 들었다. 핑계일진 몰라도 기본 성품은 크게 변하지 않는다.

세 살 터울인 두 아들을 키우면서도 집안이 난장판이 된 적이 거의 없다. 아들 둘을 키우면 엄마 목소리는 커지고 전쟁터 같다는데 그런 일은 없었다. 큰소리는커녕 매 한 번 들었던 적이 없을 만큼 순했다. 특히 큰아들은 레고를 가지고 노는 걸 좋아하고 장난감 조립을 좋아했다. 책 읽는 것과 그림 그리는 것도 좋아하고 고집도 세지 않아서 그야말로 순둥이란 말을 많이 들었다. 낯가림은 좀 심해서 남들과 친해지는 데는 시간이 걸린 아이였다. 비교적 조용하고 정적이고 차분했다.

교회 주일학교 교사로 봉사할 때 성경 학교 강습을 받으러 간 적이 있다. 돌 지난 둘째는 친정 엄마께 맡기고 5살인 큰아들만 데리고 갔는데 그 지루한 시간을 종이와 펜만 주면 혼자서도 잘 놀았다. A4용지에 먼저 숫자를 쭉 써주었다. 공간과 공간 사이를 넓게 해서 1~10까지 숫자를 써주고 펜을 쥐어주면 아이는 그걸 이용해서 그림을 그렸다. 종종 하던 놀이였다. 한참을 그림에 열중할 때 난 강의를 듣는다. 잠시 후 그림을 보면 독창적인 그림이 많았다. 1을 이용해선 철봉도 그리고 2를 가지고는 오리를, 3은 새 등등을 그린 아들에게 폭풍 칭찬을 해준다. 다 그리고 나면 이번엔 A~Z까지 알파벳을 써준다. 그러면 또 몇 분을 집중해서 그림을 그리다가 졸리면 내 무릎에 누워 조용히 잠이 든다. 그렇게

순한 아들이었다.

둘째는 더 순했다. 첫째에게 있던 낯가림도 없고, 만나는 사람마다 방실방실 웃어대던 둘째는 그 덕에 사랑을 더 받았다. 그런 아이들의 성품은 커서도 크게 다르지 않았다. 사춘기도 없이 조용히 지나갔고 감정의 기복도 크지 않았다. 우리와의 관계도 스스름없었다. 어머님은 순둥순둥하고 온순한 아들들이 우리 둘의 성품을 그대로 닮았다고 했다. 잘 커준 아들들이 그야말로 고맙고 대견했다.

그런 순둥이 큰아들이 곧 결혼을 하고 미국으로 신혼여행을 간다고 한다. 작년 봄에 먼저 결혼한 둘째는 3월에 벌써 1주년이 지나갔다. 1주년 기념으로 발리 여행을 다녀온 아들이다. 둘 다 온순하게 자라서 자기 짝을 만나 큰 어려움 없이 결혼이라는 인륜지대사를 치르게 되어 대견하다. 결혼 적령기란 말이 없어질 정도로 결혼을 기피하는 세대인 데다 억지로 되는 일은 없는데 순조롭게 진행된 두 아들의 결혼에 감사할 뿐이다. 시간을 거슬러 30년 전 나와 남편의 모습이 떠오르면서 두 아들을 볼 때마다 감회가 새롭다.

김초혜 시인님은 〈가족〉이란 시에서 "남편은 아내를 빛내고, 아내는 자식을 빛내고. 자식은 어둠을 비춘다."라고 했다. 우리 아들들이 어둠을 밝게 비추었듯이 이젠 서로를 빛내며 행복하게 잘 살 거라고 믿는다.

상처 치유의 방법

〈소그룹 안에서 상처 치유〉란 주제로 칼넷(평신도지도자교육) 강의를 들은 적이 있다. 인간관계나 소그룹 안에서 크고 작은 일로 상처를 받는 일들이 왕왕 있어 꼭 필요한 주제였다. 사람은 기쁨의 원천이자 미움의 근원이기도 하다. 관계가 한 번 틀어지면 회복하기가 너무 어렵고 서로 불편하다. 상처를 주는 가장 큰 요소로 네 가지를 짚어주셨는데 큰 공감이 됐다.

먼저는 말이다. 혀는 가장 위험한 도구이다. 간사한 혀로 아첨하는 정치인들로 인해 나라의 기운이 달라지기도 했고, 충성스런 신하의 충직한 조언은 백성을 잘 다스려 태평성대를 이루게도 했다. 지금도 마찬가지이다. 말은 많은 것을 좌지우지한다. 감언이설에 속아 재산을 날리는 사람부터 남의 환심을 사기 위한 교언영색까지 스스로 좋은 말을 구분하는 분별력을 가져야 한다. 노자는 '생각이 말이 되니 생각을 살피라'고 했다.

예전에 '핫' 했던 박찬욱 감독의 〈올드 보이〉란 영화에서도 주인공이 말을 잘못한 일로 15년을 갇혀 단죄를 받는다. 주인공이 퍼뜨린 소문으로 자살을 한 사랑하던 누나의 복수를 위해 그를 가둬놓고 군만두만 먹게 한 장면은 큰 이슈가 되었다. 혀를 잘못 놀려 받는 상처란 사실을 알고, 주인공 오대수는 자기 혀를 잘라내면서 친구에게 애걸하며 용서를 구한다. 그만큼 혀의 무게가 크다는 걸 묵직하게 보여주었다.

　가장 가까운 사람에게서도 말로 상처를 받을 때가 많다. 생각 없이 떠벌린 말, 가볍게 내뱉는 말, 남을 험담하고 비하하는 말, 조소와 비난하는 말, 거칠고 속된 말 등 부정적인 말들이 난무하다. 상대방의 입장이 되어 말을 조심해야 한다. 서로 배려하며 이해하며 웃으면서 부드럽게 얼마든지 할 수 있는 말을 굳이 퉁명스럽고, 거칠게 하면서 기분을 상하게 해선 안 된다.

　둘째는 탓이다. 남 탓하는 사람, 상황에 따라 자기에게 유리하게 합리화하는 사람들을 종종 본다. 늘 불평불만이 많고 자기 잘못은 없다. 주변에서 자신을 힘들게 한다고 탓하지만 스스로 먼저 돌아보라고 말해주고 싶다. 심리학에서 자신을 위안하기 위해 남을 탓하는 '투사'라는 방어기제가 있다. 책임을 회피해서 불안을 줄이려고 하고, 수긍하고 받아들이지 못해 생기는 현상이다. 또 이미 습관이 된 사람도 있다. 인생을 현명하게 사는 사람은 남 탓으로 감정을 소모하지 않는 일이다.

　셋째는 다름이다. 서로 다른 것이 당연한데 그것을 인정하지 않을 때 불협화음과 갈등이 생긴다. 가장 가까운 가족부터 친구, 주변 사람들에게까지 영향을 미친다. 특히 젊은 세대와 기성세대는 분명히 다르고 생각과 문화 차이도 있는데, 그것을 이해 못 하고 기성세대의 틀에 끼워 맞추려고 하면 세대 갈등을 유발한다. 예로 결혼이 선택이 된 지금 결혼을 하지 않으려는 비혼주의나 아기를 낳지 않으려는 딩크족에게도 기성세대의 생각을 강요해선 안 된다. 그저 긍정적인 영향을 주면 자연스럽게 흘러가서 그들의 사고가 바뀔 수도 있다고 기대해야 한다.

마지막은 섭섭함이다. 섭섭했다는 말을 자주 듣는다. 내 일은 아니지만 다른 사람 얘기를 들어주다 보면 누구에게 섭섭했다느니 서운했다느니 꽤 오랫동안 그런 감정을 품고 있는 사람들을 본다. 들어보면 섭섭할 일도 아니다. 서운하면 그때그때 감정을 표현하면 되는데 그걸 꽁하고 마음속에 담아둔다. 그러다가 어느 날 폭발하며 기억도 못 하는 옛일을 끄집어내어 섭섭하다고 말한다면 상대방은 정말 황당할 것이다.

상대방에게 뭔가를 베풀 때도 돌아오기를 바라지 말고 해야 한다. 받으려고 베푸는 것은 아니더라도 작은 서운함이 자꾸 쌓이다 보면 '내가 어떻게 했는데.' 하며 서운함을 드러낸다. 돌아오기를 바라고 한다면 그런 선의는 베풀 필요가 없다. 누가 바란 것도 아니고 자신이 좋아서 한 일로 의미를 두면 그것으로 만족이다.

상처 치유에서 가장 기억에 남는 내용은 2(이해)+2(이해)=4(사랑)의 공식이었다. 이해하고 또 이해하면 사랑의 마음을 품게 된다. 절대 남의 인격을 깎아내리지 말고, 포용하고 품어주는 사람이 되고, 바라지만 말고 내가 먼저 행동하는 솔선수범은 필수이다. 상처치유에 대해 진지하게 나를 돌아본 유익한 강의였다.

알 수 없는 사람 일

사람들의 삶은 도통 알 수가 없다. 겉으로는 행복해 보이는 사람에게도 말 못 할 고충이 있고 들여다보면 고민이 없는 사람은 없다.

내가 어릴 때 우리 동네에서 꽤 잘 사는 집이 있었다. 잘 지어진 양옥집에 아들 둘에 막내딸 하나로 세 아이들은 초등학교 때부터 서울 학교로 전학시켰다. 아저씨를 뵌 적은 별로 없지만 한 동네여서 아주머니는 자주 뵈었다. 마주칠 때마다 인사를 드리면 항상 고상해 보이는 인품이 좋으신 분이셨다. 항상 긴 치마를 입고 다니셔서 편한 고무줄 바지만 입는 엄마와 달라보였다. 경제적으로도 넉넉한 집이어서, 고급스런 옷을 입고 다니는 아이들은 평범한 동네에서 볼 수 없어 부러움의 대상이었다.

하지만 훗날 알게 된 사실에 충격을 받았다. 아저씨는 그 시절부터 바람을 피워 두 집 살림을 하고 있었고, 생활비를 제대로 주지 않아 아주머니는 힘든 삶을 살았다고 했다. 게다가 다리가 붓는 부정맥을 앓고 있는데 제때 치료를 받지 못해 통통 부은 다리를 가리느라고 늘 치마를 입으셨다는 사실을 알게 되었다. 막내딸은 그런 엄마의 고충을 알고 아버지를 무척 미워했다고 한다.

더 훗날, 엄마를 걱정하며 마음을 헤아려주던 막내딸이 결혼 후에 아이들을 둘이나 낳고 유방암으로 너무도 젊은 나이에 떠났다는 충격적인 소식을 들었다. 재개발이 시작되면서 뿔뿔이 흩어진 동네 분들이 다들 이사 가면서 나중에야 그 소식을 듣게 됐다. 당차보이던 동생 또래 친구인데다 결혼을 잘했다고 들어 아주머니의 자랑이었는데 참 안타까웠다. 아들 둘이 모두 장가갔지만 의지하던 딸을 잃고 실의에 빠진 아주머니는 몇 달 뒤에 집에서 주무시다가 조용히 돌아가셨다고 했다. 그저 빛도 못 보고 그림자처럼 살다간 아주머니를 보고 이웃들은 딸을 따라갔다고 말했고, 살아갈 의지를 잃었다고도 말했다.

그런 소식을 접할 때면 나약한 인간임을 실감하고 산다는 게 무엇인지 물음표가 남겨진다. 코앞의 일도 알 수 없는 앞날. 망연자실 남겨진 가족들의 고통. 바라보는 이들의 아픔 등을 생각하면 너무나 참담하다. 두 집 살림하던 아저씨는 부인이 떠나자마자 집에 여자를 들였다고 한다. 참 어처구니가 없었다. 기다렸다는 듯이 새 여자를 들인 그 아저씨의 행동거지가 괘씸하지만 그걸 옆에서 지켜보면서도 말 한마디 못 한 아들들도 좀 무심해 보였다.

아주머니를 생각하면 겉으로 보이는 모습이 전부가 아니란 생각이 든다. 밝고 온화한 모습 안에 그런 큰 슬픔을 안고 살아왔다니 사람 일은 도무지 알 수 없다. 속은 곪아터져도 혼자서 참고 견뎠을 생각을 하니 마음이 아팠다. '이혼을 하지 왜 그렇게 살았을까.' 하는 생각도 해봤지만 경제력이 없던 예전 어머님들의 삶을 생각하면 권위적이고 가부장적인 태도를 그대로 참으면서 살 수밖에 없었다. 그분도 세 아이들의 양육비라도 주는 걸로 겨우겨우 가정을 지키며 버텨온 것이다.

한 사람만 참고 희생하면 아이들의 삶은 지킬 수 있다는 예전 어머니들의 사고방식은 거의 비슷하다. 폭력적인 남편, 생활력이 없는 남편, 외도하는 남편, 가부장적인 남편에게서도 견디게 한 건 아이들 때문이기도 하지만, 배우지 못해서 경제력이 없는 이유이기도 하다.

할머니와 어머니 세대의 여성이 가장 불행한 삶을 살았다. 가난도 이겨내야 했고, 권위적인 남편에게도 순종해야 했고, 배우지 못해 할 수 있는 일이 없었고, 많은 자식들 건사하며 혼자 참고 견디는 삶을 당연하게 받아들였다. 그나마 노후라도 편안하면 다행인데 그마저도 안락하지 못하다면 참 억울한 인생이다.

그 아주머니의 인생이 그랬다. 여전히 아저씨는 경제력으로 아들 며느리들을 쥐락펴락하며 건강하게 떵떵거리며 잘살고 있다는 소식이 씁쓸했다. 너무 젊을 때 떠난 딸도, 그 딸 곁으로 일찍 가버린 아주머니도 허무하고 고독한 인생이 아닐 수 없다. 하늘에서라도 모녀가 해후하기를 바랄 뿐이다.

"인생은 점묘화입니다. 하루하루가 모여서 선이 되고 그 선들이 모여서 형체를 이루고 그 형체들이 모여서 한 사람의 인생을 이룹니다. 가끔씩 한 걸음 뒤로 물러서서 전체를 보세요. 한번 사는 인생, 이왕이면 멋진 그림을 그리세요."

— 한창욱 〈살고 싶어서 헤어지는 중입니다〉 p231

죽음은 누구든 피할 수 없는 일생의례 중 하나이다. 수많은 학자들이 삶과 죽음. 존재 의미에 대해 정의를 내릴 만큼 심오한 문제이다. 헤밍웨이는 "모든 사람의 끝은 같다. 오직 그가 어떻게 살아왔는지가 중요하다."라고 했다. 조지 엘리엇은 "사람들에게 잊히기 전까지는 진짜 죽음이 아니다."라고 했다. 죽음은 누구나 겪어야 하지만 사는 날 동안 가치 있게 살아가는 것이 중요하다. 죽는다고 잊히는 것이 아닌 마음속에 간직하고 그리워하며 추억한다. 멋진 인생을 살진 못해도 최소한 후회의 삶을 살진 말아야 한다. 하루하루 모여 선이 되는 자기 인생을 하찮게 여기지 말고 자식도 중요하고, 부모도 중요하지만 가장 소중한 것은 자신의 삶이다.

든든한 내 편

어머님이 우리 집에 오실 때면 말없이 걸레를 드시곤 TV 선반 밑이나 창틀의 먼지를 닦아주신다. 내가 멋쩍게 웃으면서
"먼지가 뽀얗지요?"
"바쁜 네가 이런 것까지 어떻게 신경 쓰냐."
라고 하시면서 말이라도 따뜻하게 해주신다. 지금까지 쉬지 않고 일하는 내가 대견하기도 고맙기도 한 어머님의 진심이 담긴 말씀이다.

예전의 어머님은 참 강하셔서 내겐 어려운 분이셨다. 결혼 초 어머님과 2년을 살면서 첫 아들을 낳기 전까지 모든 생활이 그저 낯설었다. 25살의 어린 나이에 결혼한 내가 할 수 있는 일은 그저 대식구 식사 후에 설거지하는 것뿐이었는데 아이라는 공유할 사랑체가 생기니 의기투합이 되었다. 1년 차가 되어가니 혼자서도 식사 준비를 할 수 있을 만큼 빠르게 적응하고 2년 만에 아파트를 처음 분양받고 분가했을 땐 자유를 찾은 것같이 기뻤다. 하지만 함께 살다 보니 배운 점도 많았다. 신혼이란 달콤함은 잃었지만 대신 부대끼며 살면서 가족의 끈끈한 정을 얻었다.

87세이신 어머님은 예전 어르신치고는 키가 크신 분이다. 워낙 체격도 좋으시고 손발도 크시다. 내가 25살에 결혼해서 한집에 살 때 어머님은 나의 작은 손과 발을 보시곤 이렇게 작은 손으로 뭘

하겠냐며 걱정스레 말씀하셨다. 그 당시 내 키는 159cm, 몸무게 47kg, 발사이즈는 230mm였다. 팔 다리도 가늘고 여린 내 체구에 허니문 베이비로 임신을 했을 때 아기는 잘 낳을 수 있을지 걱정 하셨다. 자연 분만으로 첫아들을 세 시간 만에 낳는 나를 보시곤 어머님은 깜짝 놀라셨다. 아플 텐데 소리도 안 지르고 그저 꾹 참는 나를 보며 참을성도 많은 걸 아셨다고 했고, 아들을 키워내며 부지런하게 사는 것을 보며 늘 고맙다고 하신다.

둘째 아들은 진통 12시간 만에 어렵게 낳았다. 고생을 할대로 해서 지쳐있었다. 첫째 때는 멋모르고 낳아서 금방 그 고통을 잊었는데 둘째 때는 그 고통이 생각나서 두려웠다. 우려가 현실이 되었다. 남들은 둘째를 더 쉽게 낳는다던데 난 오히려 오랜 진통 끝에 겨우 낳을 수 있었다. 지금 생각해도 아찔하다.

둘째를 낳고 나니 체형이 변하기 시작했다. 10kg 이상 살이 찌면서 이젠 적당한 중년의 모습으로 변모했다. 계속 살이 찌는 중이라 아무리 수영을 해도 빠지지 않는 살을 투덜대며 다이어트라도 해야 한다는 말만 들으면 "뺄 살이 어디 있냐?" 하며 펄쩍 뛰신다. 건강해 보이고 딱 보기 좋다며 "살 뺄 생각을 하지 마라."고 하신다.

세 살 터울인 두 아들을 키워내고 결혼까지 시키고 아직도 일하면서 살림하는 나를 보면서 언젠가 어머님은 내 손을 잡고 말씀하셨다.

"이 작은 손으로 뭘 할 수 있을까 했더니 아들 둘을 키워내고 장가까지 보내고 지금도 일하고 있으니 진짜 대견하구나."

하시면서 내 손을 쓰다듬으셨다. 어머님도 신혼 초에 내게 하신 말씀을 잊지 않으셨나 보다.

어머님은 내 키도 무척 작게 보셨다고 했다. 키가 큰 선반 물건을 꺼낼 때 내가 꺼내드린다고 하면 키도 작으면서 하시길래

"어머님. 저 그렇게 작지 않아요. 어머님이랑 비슷할 걸요."

하자 펄쩍 뛰셔서 키를 대보자고 제안했다. 둘이 서서 키를 대보니 정말 비슷했다. 깜짝 놀라시면서

"그러게. 네가 그렇게 컸냐? 근데 왜 그렇게 작아 보였을까."

하셨다. 어머님이 손발도 크시고 통뼈에 체격도 크시니 가냘픈 내가 상대적으로 작아 보이셨나 보다.

어머님은 나리가 약해신 것과 불면증 외엔 큰 지병은 없으시다. 억척스럽게 몸을 혹사시키며 살아오신 데 비해 건강은 양호하신 편이다. 팔순을 앞둔 아버님이 10여 년 전에 먼저 떠나시고 홀로 시골 생활을 하시면서도 씩씩하고 부지런히 밭일을 해내고 한시도 가만히 계시지 않으셨다. 코로나가 시작되고 시골집을 정리하시고 자식들 근처로 이사 오시면서 25평 아파트에 홀로 사시는 어머님의 집은 평소에도 부지런하셔서 손 하나 갈 게 없이 깔끔하고 정리 정돈이 잘 되어있다. 남편은 일주일에 한 번, 나는 두 주에 한 번은 꼭 방문해서 함께 가볍게 식사를 하고 온다.

이젠 연로하셔서 소화력이 떨어지면서 예전처럼 많이 못 드신

다. 시골에 계실 땐 혼자서도 힘든 밭일을 하시다 보니 식사를 그렇게 잘 하셨다. 이제 연세도 드시고 도심 생활에 큰 활동도 없으신 데다 초기 위암이 발견되어 수술도 하시면서 식사량이 무척 줄었다. 적당히 드실 만큼의 양 외에는 절대 드시지 않는 어머님이시다. 가끔 식사를 함께 하고 오고 어머님이 우리 부부가 해드린 음식을 맛있게 드시는 날이면

'부모가 자식들에게 가진 마음이 이랬겠지.' 하면서 집으로 오는 발걸음이 가볍다.

'다음엔 어떤 요리를 해드려 볼까?'란 생각도 하면서 말이다.

암튼 지금은 이래저래 완전한 내 편이 되셨다. 아들만 넷인 어머님의 목욕을 모시고 다니는 사람은 나밖에 없다며 딸 노릇까지 한다고 기뻐하신다. 시골에 갈 때마다 온천을 모시고 다녔던 일이 무척 좋으셨나 보다. 해드린 것도 별로 없는데 받은 게 많다는 말씀은 듣는 것만으로도 마음이 뭉클해서 늘 어머님께 감사한다. 사람은 상대적이기 마련이다. 어머님이 잘 해주시니 나도 더 잘하려고 애쓰게 된다. 예전에는 강하시고 꼿꼿하신 시어머님이 이제는 우리 부부를 많이 의지하며 약하고 연로한 시어머님이 되셨다는 사실은 가슴 한 쪽을 시리게 한다. 30년을 가족으로 살아온 시간도 무시 못 하고, 살다 보니 서로의 마음을 잘 이해하는 끈끈한 관계가 되었다.

아들보다 더 먼저 나를 찾는 어머님. 아버님을 먼저 보내시고 10년도 넘게 홀로 씩씩하게 사시면서도 며느리들을 배려하시는

어머님. 여러 며느리들을 차별하지 않으시고 늘 공평하게 대하시는 지혜로운 어머님. 음식도 맛깔나게 하시고, 오래된 재봉틀 하나로 베개보도 직접 만드시고, 옷도 수선하시는 손재주 많은 어머님. 여전히 자식들이나 손주들 앞에서도 위엄을 잃지 않는 어머님. 크게 아프지 않고, 병원 신세 지지 않고, 자식들 부담 주지 않고, 요양원에 가지 않고 주무시듯 편안하게 천국 가시기를 바라시는 어머님의 소원은 크게 다르지 않는 여느 어르신들의 소망이다.

우리 가족은 CC 커플

묘하게도 우리 가족은 모두 CC 커플이다. 남편과 나는 학 교회에서 만난 CC 커플이고 큰아들. 작은아들 모두 같은 대학 CC 커플이다. 같은 소속이나 가까운 곳에서 사람을 만나다 보면 그 사람을 더 잘 알게 된다. 주관적인 혼자만의 생각과 내가 알지 못하거나 보이지 않는 것까지 봐주는 사람들이 있어 객관적 평가까지 들을 수 있어 장점이 있다.

남편과 나는 5살 차이로 나이 차이가 많다보니 겹치는 활동 구간이 없었다. 중학교 1학년 때 벌써 고교 졸업반이니 학생회에선 1년 남짓 만났겠지만 워낙 나이 차가 많다 보니 이름만 들어본 오빠였다. 졸업하고 청년부에 올라갔을 땐 남편이 군대에 있었다. 늦은 나이에 군 입대를 하고 제대 후 내가 대학교 2학년 여름방학부터 청년부에 합류한 남편을 보았다. 큰 키에 서글서글한 첫인상이 좋았다. 사실 잘생긴 얼굴은 아니다. 눈썹도 짙고 갓 제대했으니 얼굴은 까맣고 삐쩍 바른 몸에 강한 인상으로 보였지만 처음부터 호감이 갔다. 얼굴보단 키를 많이 보았는데 176cm의 훤칠한 키가 마음에 들었다.

주일학교 교사도 같이하고 청년 예배를 드리고 끝나면 간식도 먹고 삼삼오오 어울려서 집에 데려다 주기도 했지만 개인적으로 만남은 없었다. 내 마음은 두근거렸지만 들키지 않게 조용히 때를 기다렸다. 남편은 4학년에 복학하고 난 3학년일 때 과사무실에 온 그의 학보와 편지를 보고 처음 그의 마음을 알게 되어 뛸 듯이 기뻤다. 대학 2년, 사회생활 2년. 4년이란 시간을 연애하고 결혼해서 지금까지 30년을 함께 하고 있다.

한결 같은 사람. 다정한 사람. 속이 깊은 사람. 손재주 많은 사람. 얘기가 잘 통하는 사람. 살아보니 내 예상보다 훨씬 더 괜찮은 사람이었다. 겉으론 차분해 보이지만 실상은 덜렁이에 실수투성이에 부족한 나를 자상하게 이끌어준 남편이다. 두 아들도 그런 아빠를 존경하며 스스럼없이 대화하며 문제를 상의하는 끈끈한 가족이 되었다.

작년 봄에 작은아들이 먼저 결혼을 했다. 제대하고 복학해서 대나로 나산 과 미빙에서 만나 연애한 지 5년이 되었을 때였다. 같은 학교에 다니다 보니 만나는 시간이 많고 학교생활에 활력을 얻어 즐겁게 연애를 해왔다. 아들은 졸업 후 취업 3년 차가 되어가고 간호학과를 졸업한 며느리는 대학 병원에 합격했다. 간호사가 된 순간부터 결혼 준비하기가 힘들다는 말을 듣고 결혼부터 하고 병원 생활을 시작하고 싶다고 해서 작년 봄에 결혼식을 서둘러 하고 하반기부터 병원 근무를 시작했다.

둘째는 아빠를 닮아 차분하고 꼼꼼하고 감정의 기복이 별로 없다. 회사에서도 AI로 통한다는 말을 듣고 '훗' 하고 웃었다. 평소 모습이나 회식 때 술을 마신 모습이나 다르지 않게 흐트러짐 없다고 말이다. 남들 눈도 똑같다. 그런 모습을 며느리도 좋아했고 사돈 되실 부모님도 듬직해 보인다며 맘에 들어 하셨다.

큰아들은 직장 생활 2년 차가 넘어갈 때까지 여친이 없었다. 친구들이 워낙 많고 사교성이 좋던 아들이라 노는 걸 더 좋아하다가 어느 순간 하나둘씩 여친이 생긴 친구들을 보니 위기의식이 생기더란다. 그때부터 소개를 받기 시작했지만 인연이 아닌지 쉽지 않았다. 마침 대학 동기 결혼식에 갔다가 우연히 만난 동기가 지금의 여친이 됐다. 반갑게 인사하고 집들이 때 또다시 만났을 때 호감이 생기면서
'괜히 멀리서 찾았네. 가까이 있었는데.'
란 생각에 용기를 내 대시를 했더니 처음엔
"왜. 갑자기. 나를? 친하지도 않았는데?" 하며 의아해하더니 생각해 보겠다는 답이 돌아왔다고 했다. 아들은 노는 파. 여자 친구는 학구파여서 친한 무리가 달랐고 군대에 다녀와서 복학했을 땐 이미 졸업하고 한참 후 다시 만났으니까 그야말로 놀라는 게 당연했다.

기다리다가 OK 답을 듣는 순간부터 1일이 시작되어 3년 차 연애로 이어지다가 올봄에 결혼을 앞두고 있다. 언젠가 내가 "그때 "NO"라는 답이 돌아왔으면 우리 아들 어땠을까?" 물었더니 "상상만 해도 끔찍하다."는 답변이 돌아와서 '많이 좋아하고 있구나' 싶어 마음이 놓였다. 자긴 조금 더 준비하고 결혼하고 싶다고 동생에게 먼저 양보해서 올봄 결혼이 코앞이다.

첫째는 나를 닮아 사교적이고 덜렁거린다. 난 정적인 면도 많이

있지만 말이다. 첫째 커플도 성향이 비슷했다. 활동적인 것을 좋아하고 재미있게 연애한다. 둘째가 정적인 커플이라면 첫째는 동적인 커플이다. 역시 콩깍지는 모두 다르고 짝은 정해져 있다.

비혼 주의도 많고 결혼 적령기도 늦어지는 요즘 시대에 알아서 일찍 결혼하겠다는 의지를 보여 고마울 뿐이다. 부모 맘대로도 억지로도 안 되는 인륜지대사인 결혼이니 더 신중할 수밖에 없다. 부모로서 우리 부부가 두 아들에게 비교적 좋은 본보기가 되어주어 결혼에 호의적인 것 같아서 기쁘다. 나이가 찼다고 서두를 일도 아니지만 작은아들은 27세. 큰아들은 30세. 이른 나이의 결혼이니 사실 부모로선 큰 부담도 되었다. 형편껏 준비해서 간소화할 건 줄여 양가에선 집 문제에 '올인'하기로 했다. 천정부지로 솟고 있는 전셋값이 만만치 않은데 일정 부문 감당해 주시겠다고 해서 감사했고 우리노 이런저런 방법을 동원해 집 문제를 해결하니 마음이 놓였다.

예단이니 폐백이니 줄일 건 다 줄이고 기본 도리만 했다. 벌써 1주년을 맞고 기념으로 발리 여행도 다녀온 아들 내외가 잘 살고 있는 것을 보니 흐뭇하다. 이른 나이에 결혼하는 아들이 그동안 성실하게 감당하며 임해왔던 것처럼 가정생활도 충실히 잘 해내고 있어 마음이 놓인다. 어느새 자라서 가정을 꾸리는 아들을 보니 감격이고 기쁨이다. 이제 또다시 새로운 식구를 맞는다니 설렌다. 곧 결혼하는 큰아들도 잘 해내리라고 믿는다. 두 며느리 모두 야무지고 밝아서 집안 분위기가 화기애애해졌다. 딸이 없는 우리 부부로선 진짜 딸을 얻은 기분이다. 둘의 출발은 이제 시작이고 앞으로 걸어갈 길은 만만치 않다. 장애물도 만나고 티격태격할 일도 생긴다. 그때마다 서로 조금씩 양보하며 대화로 잘 풀어나가면서 사랑의 마음만은 절대 잃지 말라고. 그럼 잘 풀어갈 수 있다고….

큰아들 결혼 날짜를 잡고 상견례를 할 때 사돈 되실 두 분은 성당에서 만난 CC 커플인 것을 알고 놀랐다. 사돈 부부까지 모두 CC 커플이니 참 특별한 가족이긴 하다. 어리석은 사람은 인연을 만나도 몰라보고, 보통 사람은 인연인 줄 알면서도 놓치고, 현명한 사람은 옷깃만 스쳐도 인연을 알아본다는 피천득 시인의 말이 있다. 모두 가까운 곳에서 자신의 인연을 잘 찾은 듯하다.

꿈을 향한 날갯짓

벌써 몇 해 전 일이다. 목요일 밤이면 늦게 자는 바람에 금요일 수영 갈 때 일어나기가 힘들다. 초저녁잠이 많아진 내가 목요일마다 늦게 잘 수밖에 없는 이유는 '싱어게인'과 '미스트롯 3' 때문이다. 트롯을 좋아하지 않지만 남편 친구 딸이 이번에 대학부로 출연했기 때문이다. 평가도 좋게 받으면서 방송에서 계속 볼 수 있게 되어 그야말로 축하할 일이다.

'싱어게인'은 어제 파이널로 1위가 정해지면서 끝났다. 싱어게인에서 응원했던 사람이 우승을 했고 재밌는 사실은 미스 트롯에 나온 친구의 절친이 이번 '싱어게인'에 나와서 탑3까지 들어가는 영예를 누렸다. 이제 25살인 두 친구가 그야말로 꿈을 향해 두 젊음이 날갯짓을 시작하게 되었다. 남편 친구 딸과 '싱어게인' 친구는 '서공예' 실용음악과 출신의 절친이다. 고등학교 3년에 대학까지 벌써 몇 년을 미래가 불투명한 상태로 아이돌을 꿈꾸며 달려온 두 젊은이들이다. 미래의 불확실성은 청년들을 가장 힘들게 한다. 도전을 계속해야 하나 멈춰야 하나 고민이 가장 많은 시기이다.

고시를 준비하는 지인 딸도 명문대를 나와 3년 동안 7급 공무원을 준비 중이라고 했다. 지인은 딸이 그렇게 오랜 걸릴 줄 몰랐다고 했다. 외고도 명문대도 단번에 들어가서 미국 교환 학생으로 다녀온 딸이 7급 정도면 무난히 합격할 거라는 예상과 달리 긴 시간이 걸려 불안해하고 있었다.

 아들 친구는 공부를 정말 안 한 상태로 겨우 지방대만 졸업해서 5수 만에 경찰 공무원에 합격해서 열심히 경찰로서 근무하며 자부심을 갖고 있다. 중도에 몇 번 포기할까 생각했지만 그동안 한 공부가 아까워서 매 해 고민하다가 막바지에 합격했을 때 그 마음을 누가 알까. 그동안의 노력이 헛되지 않았다는 기쁨. 포기하지 않기를 잘 했다는 안도감. 마음이 참 벅차올라 스스로 잘 했다고 칭찬할 것이다.

 우리 큰 아들도 대학 졸업하던 그해 최종 면접에서 떨어지고 1년간은 완전히 다른 공부를 하며 졸업 2년 만에 취업에 성공했다. 재수도 휴학도 안 하고 군대도 시기적절하게 다녀와 크게 늦은 나이가 아니었는데도 조바심을 내는 아들을 보면 마음이 짠했다. 지금은 4년차 직장인이 되어가고 있어 참 대견하다. 알게 모르게 맘고생하며 준비했을 청년들에게 어깨를 두드려주고 싶다. 수고했다고 말이다. 그걸로 끝이 아닌 삶의 무게는 앞으로 더 무겁게 다가올 거라는 사실을 알기에 지치지 않도록 안아주고 싶다.

 미스 트롯에 도전하고 탑 7에 들은 남편의 친한 친구 딸이 벌써 방송에 익숙해지면서 매주마다 얼굴을 비추고 있어 그저 대견할 따름이다. '싱어게인' 절친과 친구 딸은 연습실을 얻어 유튜브에 커버곡 노래를 부른 영상을 올리며 열심히 꿈을 향해 노력했다. 알바하며 실용음악으로 유명한 대학 편입에도 성공해 계속 노력해 오다가 힘들게 얻어진 결실이다. 마침 소속사에 들어가면서 트롯으로 밀어주어 평소에 부른 노래와 달라 크게 걱정했는데 결국 역전을 거듭해 7위에 안착해서 가수의 길로 들어섰다.

요즘 방송과 콘서트로 정신없는 와중에도 작년 작은아들 결혼식에도 와준 마음이 예쁜 친구이다. 어려서부터 자라는 것을 모두 본 우리 부부로선 대견하지 않을 수 없다. 축가를 불러주기로 했는데 방송 일을 시작하게 되면서 결혼식 참석만 해주었다. 싱어게인 절친과 함께 부른 커버곡이 참 보기 좋았는데 이제 두 친구 모두 가수로 데뷔해 이름을 알리게 되었으니 계속 응원과 지지를 아끼지 않을 것이다.

친구 딸은 '정슬'이다. 올해 초에 슈퍼주니어 유명 가수 신동과 뉴엣으로 '따봉'이란 싱글 앨범을 선보여서 음악 방송과 라디오 등에 나오며 활발히 활동 중이다. 연예계 활동이 결코 쉬운 일은 아니지만 하고 싶었던 꿈을 이루었고, 지금 너무 바쁘게 활동을 하고 있어 피곤하지 않은지 만날 때마다 물으면 하고 싶은 일이어서 그런지 너무 즐겁다고 말한다. 어느새 연예인 티가 나서 더 예뻐지고 자신감으로 돋보이는 모습이 대견할 뿐이다.

싱어게인 파이널에서 어떤 심사위원이 이제 '싱 어게인' 이 아닌 '싱 포에버'가 될 거라는 말이 기억에 남는다. 이제 막 꿈을 향한 날갯짓을 시작하는 두 청년이 젊음을 불태우며 이제까지의 노력이 빛을 발해 반짝반짝 빛나고 멀리까지 훨훨 날아가리라.

앤을 사랑하는 동생

〈빨간 머리 앤〉을 진짜 사랑하는 친한 동생이 있다. 벌써 30년 이상 알고 지낸 동생으로 내가 너무 좋아하는 동생이다. 그 동생은 빨간 머리 앤을 너무 좋아해서 프로필 사진도 이모티콘도 앤이고 탁상용 달력도 온통 앤으로 도배했다. 그 동생이 앤을 좋아해서 백영옥 작가의 수필집 〈앤이 나에게 하는 말〉을 선물하기도 했다. 내가 먼저 읽고 너무 좋아서 몇 권을 사서 지인들에게 선물로 주면서 그 동생에게 가장 먼저 주었다.

작가도 어릴 때 빨간 머리 앤을 너무 재밌게 본 뒤로 커서 자신이 힘들 때 다시 만화를 본 뒤에 힘을 얻고 앤이 한 말을 자신에게 적용시켜 일상의 감정들을 잔잔한 수필로 썼다고 했다. 책을 읽으면서 앤이 생각하며 말한 한마디 한마디가 나에게도 왠지 모를 힘을 주고 다시 꿈을 향한 동기부여를 주었다.

특히 그 동생은 앤을 많이 닮았다. 결혼하고 지금까지 일을 하며 두 딸들을 낳아 키우면서도 일을 놓지 않고 30년 이상 사회생활을 이어온 끈기가 강하고 성실한 동생이다. 얼굴은 동안에 50살이 넘었지만 40대로 보인다. 두 딸들과 찍은 사진을 보면 마치 세 자매 같다. 성격도 밝고 웃음도 많고 긍정적인 그 동생을 보면 왠지 앤이 연상된다. 자그마한 얼굴과 몸에 강한 힘과 긍정, 희망이 담긴 걸 보면 말이다. 가끔 "사회생활 힘들지 않냐?"거나 "이제

그만두고 싶지 않냐?"고 물어보면

"아직 직장 다닐 수 있는 게 얼마나 감사한지 몰라요. 예전처럼 여건도 안 좋고 상황도 안 좋아지고 나보다 나이 어린 사람들이 상사가 되어 힘들 때도 있지만 지금까지 다닐 수 있다는 것만도 다행이죠."

꼭 앤이 하는 말 같은 대답이 돌아온다.

아이들 키울 때 친정 엄마도 없이 첫 딸은 여동생에게 둘째 딸은 가까이 사시는 교회 권사님께 아이 양육을 도움받으면서 맞벌이를 하고, 한 번도 쉬지 않으며 일하면서, 집도 넓혀가고 김장김치까지 담가 먹는 부지런함까지 긍정의 아이콘이다. 게다가 뒤늦게 공부에 자격증까지 늘 쉬지 않고 도전하며 꼼꼼하고 야무진 동생을 보면 마치 앤을 보는 것 같아 때론 안쓰러워 안아주고 싶고 때론 오히려 내가 힘을 얻는다.

두 딸과 셋이 일본 도쿄로 자유 여행을 다녀왔을 땐 디즈니랜드에서 샀다며 귀여운 '키링'을 선물로 사오면서 항상 마음을 써주는 고마운 동생이다. 딸들과 오붓한 시간을 보내면서 자유롭게 여행하며 삶을 즐길 줄도 안다. 특히 두 딸들에게 아낌없이 주는 엄마처럼 헌신을 다한다. 맞벌이 엄마로 아이들이 어렸을 때 엄마 손이 가장 많이 필요한데 옆에 있어주지 못한 미안함을 항상 갖고 있어 더 애를 쓰는 동생을 보면 난 충분히 최선을 다했다며 자신을 좀 더 생각하라고 조언한다.

최근에 연차를 냈다며 갑자기 전화해서 점심을 먹고 차를 마셨다. 그때 장미꽃이 핀 작은 화분을 내밀었다. 웬 거냐고 물었더니

"장미가 나를 부르잖아요! 너무 예뻐서 샀어요."

하면서 갑자기 전화했는데 시간 내준 언니를 위해 샀다는 말도 덧붙였다. 말도 어쩜 그렇게 예쁘게 하는지 기분이 너무 좋았다. 조금 큰 화분으로 옮겨 심었더니 우리 집 거실에서 활짝 피고 있는 장미를 볼 때마다 그 동생의 예쁜 마음이 떠올라 미소가 지어진다.

얼마 전엔 30주년 포상을 받았다고 꽃다발과 함께 찍은 사진을 보내왔다. 나에게 가장 먼저 축하받고 싶었다며 애교를 부리는 동생에게

"정말 수고 많았어. 이제 너를 보듬고 쓰다듬어주고 잘했다고 칭찬해줘. 정말 열심히 잘 살았다. 애썼어,"

라고 말해주었다. 말이 쉽지, 아이들 둘을 키워가면서 30년을 근속한다는 것은 쉽지 않다. 그러면서도 항상 밝고 긍정적이고 소녀 같은 그 동생은 앤을 좋아하는 것뿐만이 아니라 앤을 많이 닮아있었다.

희망과 긍정의 아이콘 앤처럼 그 동생도 자신이 애정 하는 앤과 같이 누군가에겐 빛을 주고 힘을 주고 있다. 그 사실을 잊지 않기 바란다는 칭찬을 해주고 싶다.

페르소나

　누구나 가면을 쓰고 살아간다. 몇 개의 가면이 숨어있는지는 아무도 모른다. 어떤 이는 몇 가지로 자신의 성격을 어떻게 규정지을 수 있냐는 이유로 MBTI 성격 분석을 아주 싫어한다. 내 생각도 비슷하다. 상황에 따라 다르게 나타날 수 있는 성격을 16개의 틀 안에 묶을 수는 없다.

　방탄소년단의 '페르소나'란 노래가 나왔을 때 그 심오한 가사에 놀랐다. 작사를 주로 하는 리더 RM은 좋은 머리만큼이나 생각이 깊고 성숙하다. 심리학자 칼 융의 철학을 바탕으로 쓴 가사로 누구에게나 있는 거짓 얼굴. 가면을 쓴 채 살아가는 사람들을 노래했다. 칼 융은 무의식. 콤플렉스. MBTI 성격 분석의 이론적 초석을 만든 철학자이기도 하다. 자기 안에 있는 빛과 그림자를 잘 살펴야 한다는 철학자의 사상이 깃든 가사에는 진정한 자신을 찾기 위해 몸부림치는 그들의 고민이 담겨있다.

　"자신을 고작 몇 개로 표현할 수 없다며 누구는 달리라 하고 누구는 멈춰서라 하고 누구는 숲을, 누구는 들꽃을 보라, 하고 갈팡질팡하던 자신을 세우는 건 자신의 영혼의 지도이며 가끔은 위선적이어도 따뜻하게도 차갑게도 할 필요가 없이 자신의 온도를 잃지 말라"고 말한다. 아이돌 가수들의 의미 없이 반복되는 가사나 외국 팝 가수의 저질스런 가사와 달리 자신을 깊이 돌아보라는 노랫말을 듣고는 평범한 아이돌이 아니었고 좋아할 수밖에 없는 이유였다.

살면서 우리는 자신의 본래 성향과는 다르게 가면을 쓰고 살아간다. 나부터도 딸로서 아내로서 엄마로서 며느리로서의 역할에 따라 내 모습이 다르게 나타난다. 가족이 아닌 친구들이나 지인들 모임이나 직업인으로서는 또 다른 내 모습이 드러난다. 가끔은 자신을 속이며 얕은 지식으로 많이 아는 척. 못마땅하면서도 친한 척. 관심 없으면서 관심 있는 척. 하기 싫은 일도 열심인 척. 마음에 안 들어도 이해하는 척. 두려워도 강한 척. 필요하다면 얼마든지 가식과 위선으로 포장하며 가면을 쓴 채 사는 모습이 인간의 본성이다.

김려령 작가의 소설 〈우아한 거짓말〉에서도 친구의 위선과 가식은 주인공을 극단적 선택까지 몰고 가게 만든다. 겉으론 친한 척 간 쓸개까지 빼줄 것처럼 하면서도 뒤에서는 험담하고 교묘하게 따돌리며 자신이 필요할 때만 도구로 이용하는 친구의 가면에 치를 떤다. 살아남으려고 몸부림치던 주인공은 다섯 개의 털실 안에 봉인을 유언으로 남긴 채 14살 어린 나이에 세상을 등진다. 위선과 가식을 확인한 순간 그 모멸감을 견딜 수 없었던 것이다. 가면을 쓴 채 우아한 거짓말로 얼마나 많은 이들을 속이며 살고 있는 걸까. 가장 친하다고 생각한 이들에게 기만을 당하고 교실 현장에서 선생님들의 고충과 학부모의 치부가 수면 위에 드러나고 믿고 얻은 집에서 전세 사기를 당하며 멀쩡한 사람들의 부도덕한 민낯이 적나라하게 드러나는 사건들을 보면서 가면을 쓴 인간들의 추악함과 마주한다.

익명성을 이용해 자신과 상관도 없는 이들을 비방하고 거짓 정보를 흘리고 적나라한 악플로 상처를 입히는 것도 자신의 실명을 드러낸다면 절대 할 수 없는 일들이다. 우리는 가면과 거짓이 판을 치는 페르소나 세상에서 산다.

네플렉스 〈마스크 걸〉이란 영화에서도 외모 콤플렉스를 겪은 여주가 자신의 외모를 감추고 낮엔 평범한 회사원으로 밤엔 가면을 쓴 채 BJ로 자유로운 영혼이 된다. 남주도 똑같이 낮엔 존재감 없는 평범한 남자로 밤엔 가식적 모습을 벗어버린 채 적나라하게 본능을 드러낸 이중적 모습을 보인다. 그들이 가면을 벗은 실체와 마주 했을 때 기만당한 충격은 살인도 서슴지 않는 극단적 행동으로 치닫게 되면서 여수는 성형을 해서 완전히 다른 인생을 살아간다는 내용이다. 그들의 진짜 모습은 무엇이었을까. 밤의 민낯이 본연의 자아였을 테지만 철저히 가면으로 숨기고 살아갔을 뿐이다. 원작이 웹툰이며 영화 자체가 충격적인 소재로 썩 재밌게 보진 않았지만 메시지는 충분히 전달됐다.

콤플렉스와 어두운 자아로 똘똘 뭉친 자신의 숨기고 싶은 실체. 위선적이고 가식적인 행동. 보이지 않는 곳에서는 자유롭게 움직이는 본능은 누구에게나 있는 페르소나일 수 있다.

"열 길 물속은 알아도 한 길 사람 속은 모른다."라는 말도 괜히 있지 않다. 사람의 내면은 얼마든지 감출 수 있다. 보이지 않기 때문이다. 보이는 것이 전부가 아니지만 삶의 지혜와 연륜이 생기면 진실인지 거짓인지 내면을 들여다보는 안목이 생긴다.

　가면을 쓰지 않고 진실하게 사람들과 대면하려고 애쓴다면 본연의 실체와 마주했을 때 실망한 자신의 모습을 변화시키기 위해 부단히 노력하게 되고, 그 안엔 또 다른 선한 자아가 있음을 알게 된다. 본능을 억제하는 대신 이성과 감정에 충실하고 진심을 담으면 서서히 인격으로 굳어지고 자연스럽게 성격, 인품까지도 변한다. 가면 속 자신이 아닌 소중한 자신의 진짜 모습과 인격을 마주하자.

간극 좁히기

나이가 들수록 사람 사이의 관계가 점점 어려워진다. 자신이 살아온 환경과 방식. 생각 등이 고정된 탓이다. 다른 사람을 배려하고 역지사지로 생각하면 좋을 텐데 자기중심적이고 손해 보지 않으려는 이해타산적인 본성 때문에 원만한 인간관계가 쉽지 않다. 자긴 뒤끝 없다며 할 말은 다 하는 사람부터 남 기분은 생각지 않고 내키는 대로 말하는 사람. 자신의 행동으로 서먹해지고 불편할 수 있는데 전혀 개의치 않는 사람. 들어주지는 않고 자기 말만 하는 사람 등 다양한 특성의 사람들과 대면한다.

교사로 일하는 한 친구는 동료 교사 때문에 힘들다고 고민을 털어놓았다. 자기에게 뭔가 서운할 때면 삐딱한 말투로 직선적으로 말하는데 어떻게 대응을 해야 할지 모르겠다고 했다. 대놓고 화내지는 않으면서 교묘하게 사람 기분을 나쁘게 한다고…. 네 감정을 솔직히 한번 털어놓으라며 조언했다. 지난번에 이래서 좀 기분이 안 좋았는데 혹시 이유가 있으면 말해달라고 허심탄회하게 대화해 보라고 했다. 그렇지 않으면 매일 보는 사이인데 얼마나 불편하겠냐고 말이다. 자주 만나는 사이가 아니면 문제 될 게 없겠지만 매일 만나면서 불편하고 답답한 마음을 가져선 안 될 것 같다. 한번 틀어진 관계가 회복되기는 어렵다. 겉으로는 풀어진 것 같아도 앙금이 남아있다. 예전과는 다르게 느껴지고 서먹해진다. 더 사이가 나빠지기 전에 푸는 것이 좋다.

작은 언니와 언젠가 크게 싸우고 일주일 동안 안 보고 지낸 적이 있었다. 별 일은 아니었지만 표현을 격하게 한 언니에게 화가 났다. 아무리 생각해도 내 잘못보다 언니 잘못이 큰 것 같아 먼저 사과하고 싶지 않았다. 하지만 마음이 너무 불편해서 가만히 있을 수가 없었다. 같은 아파트에 살고 있는 언니 집으로 찾아가서 먼저 사과하기 어색해 손에 들고 간 사과를 말없이 내밀었다. 왜 왔냐고 쏴붙이는 언니에게 속내를 털어놓았다. 괜히 눈물이 나왔다. 언니도 미안했는지 대화하며 풀었지만 피붙이 형제들이기에 앙금이 남지 않았지만, 만약 자매가 아니었다면 '안 보면 그만이지' 했을 것이다. '하나도 아쉽지 않다'고 혼자서 마음을 삭였을 것이다.

나이가 들수록 사람 관계가 쉽지 않기에 지금 관계를 맺고 있는 사람들도 꼭 필요한 사람들이 아니라면 감정 소모를 하고 싶지 않다. 조금씩 관계 정리가 필요했는데 코로나가 시작되면서 자연스럽게 줄었다. 이제 쓸데없는데 에너지를 쏟고 싶지 않은 나이가 되서 남아있는 사람들과 진실한 관계만 지속하고 싶다. 여기저기 인간관계 힘들어 하거나 감정의 골이 깊어진 사람들을 많이 본다. 다행히 진솔한 사람들과 갈등 없이 잘 지내고 원만하게 인간관계를 맺고 있는 편이다. 이제 사람들 때문에 좌지우지되거나 가벼운 사이는 되고 싶지 않다.

최근에 친한 지인에게 좀 서운한 일이 있었지만 대화로 솔직하게 풀었고 다시 회복했다. 잠깐 동안이었지만 너무 불편했다. 인간관계에서 큰 트러블이 없었던 나로선 당황스러운 감정과 경험이었다. 하지만 그걸 통해서 다시 나를 돌아보는 계기로 삼아 인간관계의 중요성을 확인하며 더 진중해지는 계기가 되었다. 난 일관성 있는 사람이 좋다. 감정 기복이 심하거나 자기감정에 따라 변덕을 부리는 사람은 가까이하기 싫다. 좋다고 했다가 싫다고 했다가 욱하다가 헤헤거리다가 어디에 장단을 맞춰야 할지 모르겠다. 주변 사람이 자신의 변덕으로 힘들어할지도 모른다는 생각은 전혀 안 한다.

유쾌한 사람도 좋다. 분위기를 밝게 하고 호탕하게 웃는 사람. 웃으면서 인사하면 더 밝게 인사를 건네는 사람은 주변을 환하게 만들어 기분이 절로 좋아진다. 담백한 사람도 호감형이다. 간결하면서도 단순명료한 사람은 산만하지 않다. 옆에 있으면 지나치게 산만한 사람이 있다. 말도 빠르고 정신이 없고 대화도 장황해 요점이 없다. 한참 듣다 보면 무슨 말을 하려는 건지 나름대로 정리를 해서 이해해야 한다. 듣다보면 지치기도 하고 다른 사람 말은 경청하지 않는다는 것도 문제이다. 대화가 이미 끝나고 나서는 무슨 말이냐며 되묻는다. 이미 다 했던 얘기인데 혼자만 귀 기울여 듣지 않아 다시 묻는 사람이 꼭 있다.

자기주장이 강하지 않고 유연성 있는 긍정적인 사람도 좋다. 자기주장이 강한 사람은 의견을 수렴하지 않고 자신과 다른 상대방을 폄하하기도 한다. 반면 유연성 있는 사람은 누군가 제안하는 의견을 흔쾌히 받아드리고 좀 맞지 않아도 서로 조율한다. 부딪히는 두 사람 사이의 간극을 좁히는 역할도 한다. 안 좋은 상황보단 좋은 쪽으로 유도해서 생각이 유연한 사람 옆에 있으면 여유 있고 마음이 편해진다. 겸손한 사람도 좋다. 자신을 돋보이려고 열심히 인스타그램을 하며 일상과 여행과 명품 가방이나 의상 등을 자랑하는 이들이 많다. 나쁘다는 것은 아니다. 자기만족이 되고 의미 있는 활동을 지향하는 이들도 있다. 자기중심적 사고. 자기애가 강한 시대에서 겸손을 허물이 많은 사람의 어쩔 수 없는 태도로 여기지 않고 우리가 추구해야 할 덕목으로 삼으면 좋겠다는 말이다. 사회적 지위가 높거나 권력이 있는 사람이 겸손하면 더 존경받는다. 벼는 익을수록 고개를 숙여야 한다.

그렇다고 사람을 싫어하지는 않는다. 서로 다른 거지 틀린 게 아니고 성격. 성품. 환경의 영향도 받아 다른 게 당연하다. 단지 성향이 맞지 않거나 결이 비슷하지 않는 사람과는 점점 거리를 두게 된다. 예전에는 되도록 맞추려고 했다면 나이가 들면서 '굳이'라는 생각이 앞선다. 잘 맞는 사람과 만나도 부족한 삶이다. 감사한 건 주변에 내가 좋아하는 성향을 가진 사람들이 많다. 자매들은 모두 긍정적이고 유쾌하고 친구들은 배려심이 많고 너그럽다. 20년 지기로 만나고 있는 지인들도 대부분 예나 지금이나 변함없이 일관성 있고 진중하다. 사람은 크게 변하지 않는데 인복이 많다.

내 성향도 크게 다르지는 않지만 결점도 많다. 지나치게 급하고 서두르고 마음먹은 건 바로 해야 속이 시원하고 질질 끄는 건 딱 질색이다. 하지만 운전할 때는 절대 급하지 않고 양보한다. 바쁠 땐 종종거리다가도 침대에서 하릴없이 보내거나 늘어질 때도 있다. 지나간 일에는 되도록 미련을 갖지 않고 아니다 싶은 건 정중하게 거절하기도 한다. 내 모습이 누군가에겐 안 좋게 보일 수도 있다는 걸 안다. 누구나 장단점이 있고 다르다는 걸 인정하기에 좋아하는 사람들에게 나 역시도 내가 선호하는 모습으로 비춰지기 위해 나름 애쓴다.

 산만하고 교만하고 자만하지 않지만 억지로도 가식적으로도 아닌 진솔하고 자연스럽게 말이다. 중요한 건 서로 다른 것을 인정하고 존중하되 조금씩 간극을 좁혀나가는 것도 필요할 듯싶다.

비혼주의라니

큰언니 큰딸은 비혼 주의이다. 노무 법인에 다니면서 퇴근 후엔 헬스를 배우고, 강아지와 고양이를 키우면서 혼자만의 라이프 스타일을 즐긴다. 연애를 안 한 것도 아닌데 구속받고 사는 게 싫다면서 어느 순간 비혼을 고집했다. 처음엔 농담이고 좋은 남자 만나면 마음이 바뀌려니 했지만 관심도 안 주고 기회도 만들지 않는다.

몇 년 전 방영된 인기 프로그램인 〈강철부대〉를 보면서 강철 체력에 매료된 조카는 헬스장에 가서 PT를 끊으면서 본격적으로 운동을 시작했다. 조금 하다가 포기할 줄 알았는데 헬스에 푹 빠져 출근하기 전에도 운동하고, 퇴근하면서 PT를 받고 오는 운동 마니아가 되어버렸다. 몇 년간 꾸준히 하다 보니 몸에는 근육질이 생기고 등 근육에 허벅지 근육까지 탄탄한 건강 미인이 되어 보기 좋다. 근성 자기 관리가 철저한 조카이다.

예전부터 마음먹은 일은 뭐든 해내는 조카였다. 학교 논술 강습 하나로 논술로 대학에 합격하고 졸업 후에는 캐나다로 워킹홀리데이도 다녀왔다. 다녀와선 높은 토익 점수를 받아 노무법인 회사에 다니게 되었고, 일도 마음에 들어 한다. 운전도 잘 하고, 마음먹고 하고 싶은 일은 뭐든 해내는 조카는 운동에서도 그 근성이 발휘되었다. 심지어 여행가서도 호텔에 있는 헬스장에 들려 운동을 빠지지 않는 걸 보면 혀를 내두를 정도이다. 취미로 Vlog를 올리는 조카는 헬스와 여행과 반려견 마루와 반려묘 몽이 동영상을 찍어 올린다. 회사 다니고 운동하면서 언제 그렇게 시간이 되는지 참 부지런하다.

 가끔 자유 수영을 같이 가는 조카에게 연휴가 길어서 이번 주말에 수영 가자고 했더니 요즘 팔이 아파서 물리치료 받는다며 못 간다고 아쉬워했다. 당분간 수영은 못할 것 같다고 하길래 이때다 싶어
 "아플 때 옆에서 간호해줄 사람이 있어야 되니 결혼해야 하는 거야."
 했더니
 "헐. 요즘 남자들은 아파도 간호해주는 사람 없어유!"
 라는 답이 돌아왔다. 질세라
 "사람 나름이지 단정은 짓지 마라."
 라고 답을 보내자
 "혼자 건강 잘 챙기며 살게유. 이모. 걱정 마셔유."

 포기했다. 틈만 나면 회유해도 요지부동이다. 이젠 조카 고집을 꺾을 수 없다. 언니는 그런 딸에게 두 손 두 발 다 들었다. 바디 프로필이라도 찍으려는 목적도 아니면서 헬스에 중독되어 운동만 하고, 버는 돈은 족족이 운동복과 여행에만 쓰는 딸을 못마땅해한다. 작은 딸이 결혼하면 동시에 독립시킬 거라고 한숨을 푹푹 쉰다.

작년에 우리 작은아들을 시작으로 올해도 둘째 언니 아들과 우리 큰아들 결혼이 줄줄이 이어지고 있는데 나이가 가장 많은 언니 딸들이 결혼을 안 해서 속상한 맘이 이만저만이 아니다. 그나마 둘째 딸에게 기대를 거는 것 같은데 언제가 될지는 모르겠다. 평생 반려자를 만나는 것은 신중한 일이다.

비혼주의가 많은 사회이지만 막상 옆에서 보니 심각하다. 결혼에 대해 회의적이고, 남자들에 대해 부정적이다. 약간 페미 같기도 해서 걱정이다. 이상형도 있을 테고, 환상도 있을 텐데 35살 젊은 나이에 벌써 비혼주의로 마음먹은 조카의 결정은 쉽게 바뀔 것 같진 않다. 그냥 혼자가 좋고 편하다며 구속받기 싫다는 것이 이유이다. 그야말로 자유롭게 살면서 마음껏 하고 싶은 일을 하는 골드 미스들의 마인드와 같다.

난 결혼해서 얻은 것이 너무 많다고 생각하는 사람이다. 먼저는 내가 아닌 우리가 되어 서로 힘든 일에 힘을 보탤 수 있으니 얼마나 든든한지 모른다. 자녀를 키우면서 처음 겪는 육아가 힘들어도 장성한 아이들로 부모 옆에서 든든히 서 있는 날이 생각보다 금방 다가온다. 혼자였다면 이룰 수 없던 일들이다. 자녀들을 독립시키면 남는 것은 부부뿐이다. 그런 부부가 등을 돌리거나 남처럼 살아서는 안 된다. 맞지 않더라도 조금씩 양보하며 접점을 찾아가면서 갈등을 줄여야 한다. 모든 걸 공유하고 모든 걸 주어도 아깝지 않은 공동체는 가족밖에 없다.

젊어선 얼마든지 혼자 살 수 있다. 결혼이 선택이라지만 혼자보단 둘이 낫고 살면서 헤쳐나가야 할 어려운 일이 있을 땐 서로 의지할 수 있는 동반자가 필요하다. 부모는 언제까지 옆에 있을 수 없는데 혼자서 사는 것을 보면 부모는 안심이 안 되고 불안하다. 부모 마음을 헤아려주면 좋겠다. 마음을 꽉 닫아버린 조카의 눈에 어느 날 갑자기 콩깍지가 쓰여 결혼한다는 날이 오길 바란다면 지나친 이모 욕심일까.

가슴 벅찬 선물

작년 스승의 날 때 중학교를 졸업하고 이제 수업을 안 받는 한 여학생이 남동생 편으로 선물과 손 편지를 보내왔다. 손 편지를 얼마 만에 받아보는지 감격했다. 그 친구는 나에게 소중한 학생이었다. 5학년 때부터 중3까지 수업을 받은 여학생으로 야무지고 똑 부러지고 모범적인 친구였다. 공부도 전교 1등 할 정도로 잘하는 성실한 학생에 내 수업이 좋다며 5년을 배웠다.

대부분 초등생 위주로 수업하고 중학교에 올라가면 영. 수로 치우치고 학원 시간도 제각각이라 팀 수업이 지속되기가 힘들다. 그런데도 중학교 3년 내내 다닌 친구는 그 친구 팀밖에 없었다. 수행 평가에 중간고사. 기말고사 시험 때면 바빠서 책을 많이 못 읽어오고 한참 사춘기 여중생들이니 할 얘기는 왜 그렇게 많은지 집중을 못 할 때도 많았지만 나와 잘 맞아 기다려지는 친구들이었다.

태도가 예쁘다 보니 가끔 방학 때면 오전 수업 하고 두 친구들을 데리고 점심으로 초밥이나 파스타를 먹으러 가서 방학을 무척이나 기다렸다. 점심을 먹고 배스킨라빈스나 카페에 가서 아이스크림이나 아이스티를 먹으며 화기애애한 시간을 보내기도 했다. 해마다 스승의 날이 되면 꼭 손 편지와 작은 선물을 준비하고 해외여행 다녀오면 친구와 내 선물을 항상 챙겨주었다.

그런 학생이 수업하는 남동생 편으로 편지와 펜을 보내와 바로 고맙다고 답장을 했다. 고등학교 생활은 어떤지 물었고 중간고사 국어 시험 전교 1등을 했다고 소식을 전해왔다. 축하 말을 전하고 수업을 해야 해서 저녁이 되어서야 펜을 열어봤다. 이니셜과 영어로 문구가 써져 있어 깜짝 놀랐다. 눈여겨 안 봤다면 못 보고 지나갈 뻔 했다.

영어로 써 있는 문구는
"인생은 가능성으로 가득 차 있습니다."
라는 멋진 말이었다. 거기에 J.O.J 란 내 영어 첫 글자 이니셜까지 새겨서 보내 진짜 감동이었다. '아차' 싶어서 이제 확인했다며 글귀도 너무 멋있고 마음에 들어 가슴 벅차게 고맙다고 다시 답장을 보내자 내심 기뻐하는 눈치였다. 어머님께도 너무 감사하나고 납상을 드렸더니 딸이 직접 고른 문구라며 덕분에 국어와 글쓰기를 잘 하게 되었다고 감사하다는 말씀에 따님의 재능이라고 답변을 드렸다. 졸업한 학생이 잊지 않고 보낸 선물에 며칠 동안 뿌듯했다. 이런 것이 가르친 보람이구나 싶었다. 25년 넘게 일할 수 있음에 항상 감사한데 그 학생과 부모의 선물은 나를 가슴 벅차고 행복하게 만들었고 옆에 두고 있는 최애 선물이 되었다.

스승의 날. 펜에 글귀와 내 이니셜까지 새겨 선물했던 기억에 남는 여학생이 있다면 정말 힘들었던 남학생도 있었다. 그 친구는 5학년인데 엄마께서 연세가 많으셨다. 늦둥이로 어렵게 낳은 외동이라고 했다. 집에서 모든 사랑을 다 독차지한 탓인지 투정과 불만이 많은 아이였다. 매 주 수업에 올 때마다 투덜이 스머프처럼 투정부터 부리고 시작한다.

"전 수업 받기 싫은데 엄마가 억지로 시켜서 온 건데 전 진짜 글쓰기 너무 싫어요. 그만두고 싶어요."

한 달째 그 말을 앵무새처럼 반복하고 있다. 1시간 반 수업에 40분은 책 토론. 40분은 글쓰기인데 토론 40분 동안은 말을 정말 잘 한다. 아니 지나치게 말이 많아서 절제를 시켜야 될 정도였다. 책도 잘 읽어오고 상식도 많다. 질문에 대답도 술술. 자기주장도 뚜렷해 발표를 잘 한다. 모범 답안지 대답을 아주 싫어해서 창의적인 생각을 잘 한다며 칭찬을 해주면 아주 좋아한다. 문제는 글쓰기만 시작되면 습관처럼 그 말이 나온다. 참다못해

"그건 집에서 엄마와 상의해 봐. 일단 온 이상은 나는 널 가르칠 책임이 있으니깐 수업에 충실해야겠지! 한 번만 더 그 말 하면 엄마께 말씀드릴게!"

처음엔 달랬다가 나중엔 단호하게 말했다. 남학생들이 글 밥 많은 책들을 정말 읽기 힘들어하지만 그 친구는 책을 잘 읽어오는 편이어서 자주 칭찬해도 말로 다 깎아먹는다.

"책 안 읽으면 엄마한테 혼나고 잔소리 들어서 어쩔 수 없이 읽었어요."

"어쨌든 읽었잖아. 책은 어땠어?"

하고 물으면

"생각보다 괜찮았어요."

"그것 봐. 책을 잘 읽으니 점점 좋아지잖아."

하면 얼굴이 밝아진다. 투정도 점점 덜해졌다.

엄마도 아들의 성향을 아시는지 꾀가 많은 아이니, 투정 부리면 혼내주라고 하셨다. 꾀병을 부리면서 다른 수업도 자주 빼먹는 모양이었다. 난 그럴 생각이 없었다. 힘들다고 말해도 야단치시지 말고 달래주고 향상이 더디게 가도 이해해 주시고 책만 잘 읽어도 칭찬을 많이 해주시라고 오히려 부탁드렸다. 그 친구의 장단점이 1시간 반 수업에서 고스란히 드러났다. 일단 외동이로 늦게 키운 아이라 귀하게 자랐다. 모든 투정을 잘 받아주면서도 문제는 어머님이 강압적이고 강한 분이셨다. 말끝마다
"엄마 때문에 억지로 했어요."
라고 말하는 아이는 엄마로 인한 사랑과 스트레스를 동시에 받는 것 같았다. 엄하게 하시는데 기복이 좀 심해 보였다. 다 허용해주시다가 몹시 나그치시다가 일관성 없이 양육하셨다. 한 가지를 끝내야 핸드폰도 허용해준다면서 강압적인 태도에 불만이 많이 쌓인 아이였다. 어떤 날은 별일 아닌 일로 심하게 혼나고 왔다며 울먹거리며 하소연하는 아이를 다독이기도 했다.

5학년 학생인데도 처음에 띄어쓰기와 맞춤법이 엉망이었다. 이해력은 아주 좋은 아이가 표현력은 지나치게 단순했다. 처음부터 무리해서 글을 쓰게 했다간 역효과가 날 것 같아 천천히 가기로 했다. 게다가 자존심이 강해서 지적당하는 걸 몹시 싫어해 가만히 지켜보았다. 장점이 보일 때는 폭풍 칭찬을 해주었다. 작은 일이라도 자주 칭찬받으니 아이가 서서히 달라졌다. 투정도 덜 부리고

문법도 월등히 좋아졌다. 특히 역사 상식이 많은 아이라서 역사 배경 책이 나올 때면 열띤 주장을 펼친다. 차츰 글 쓸 때 집중력이 생기면서 글도 길어지고 자기 생각도 분명해졌다.

얼굴도 점점 밝아지면서 부정적이었던 아이가 긍정적으로 바뀌는 모습이 보여 고마웠다. 나중에 자기가 처음 쓴 글을 보면서 스스로 판단했다.
"제가 글을 이렇게 못 썼네요. 파란 펜이 수도 없이 많네요."
웃으면서 말했다. 띄어쓰기. 맞춤법을 파란 펜으로 첨삭해주는데 뒤로 갈수록 파란 펜이 확연히 줄었다는 걸 스스로 깨닫고 웃으며 농담까지 했다.

6학년 졸업 때까지 수업받고 싶어 했지만 갑자기 다른 지역으로 이사를 가면서 헤어지게 되었다. 마지막 수업 때 감사하다는 말과 손 편지를 받았다. 선생님 덕분에 책을 많이 읽었고 칭찬해 주셔서 자신감이 생겼다고 쓴 편지에 뭉클했다. 헤어질 때 머리를 쓰다듬어주면서 어디서든 잘 할 거라며 격려해주었다. 또 책을 늘 가까이 하라고 당부했다.
"이왕 하는 거면 어디서든 즐기면서 하고."
그 말에 '씨익' 웃었다. 내가 자주 하던 말이었던 걸 알았다. 투정부릴 때마다
"어차피 왔으니 안 할 수 없지? 그럼 이왕이면 즐기면서 하자."
즐기면서 하는 것만큼 큰 효과는 없다.

아이들은 의외로 단순하다. 칭찬에 약하고 자기 말을 들어주면 좋아한다. 공감해주고 자기편이라는 인식만 갖게 해도 긍정적으로 바뀐다. 잘못에는 지적을 해주고 무조건적인 허용보단 잘못할 땐 단호함도 필요하다. 감정 기복이 심하게 대하지 말고 일관성 있게 대하는 것도 중요하다. 따뜻한 식사를 준비해 저녁을 함께 하며 나누는 친밀한 대화와 공감. 작은 칭찬. 잘 때마다 해주는 스킨십 등으로도 아이는 밝고 건강하게 자랄 수 있다. 식탁에서의 대화가 아이들에게 책을 읽어주는 것보다 정서적으로 좋다고 한다. 그 말에 공감한다. 아이가 건강하고 독립적인 존재로 자라게 지켜봐 주는 것이 부모의 역할이다.

칭찬을 받으면 행복 호르몬인 세로토닌 분비가 촉진되어 기분이 좋아진다고 한다. 누군가 관심 가져주고 희망을 심어주면 힘이 난다. 가끔씩 그 학생이 생각난다. '다른 곳에선 잘 하고 있으려나. 중학교에 갔을 텐데 부정적인 습관들을 고쳤으려나.' 걱정하면서 마지막 '씨익' 웃고 헤어진 아이의 표정에서 잘 하고 있을 거란 확신이 든다.

홀로 남겨진 삶

아파트에 처음 입주했을 때 이웃으로 만난 앞집 아주머니는 연세에 맞지 않게 활기차고 적극적인 분이셨다. 부동산 일을 하시면서 일도 다니시고 차 한 잔 마시러 갔을 때도 집이 깔끔하며 가구와 인테리어도 세련되어 우리 집과 비교될 정도였다. 서울에서 살다가 분양 받아 오신 분인데 경기도 변두리의 낙후된 주변 환경을 보고 적잖이 실망이 컸다고 하셨다. 일산에 모델하우스가 지어져 신도시에 위치한 아파트인 줄 알고 이사를 오니 구 도시였지만 살아보니 교통이 편리하고 정이 간다며 만족해하셨다.

2002년 여름 월드컵의 열기가 뜨거울 때쯤 입주를 같이 해서 자주 마주치며 인사할 때마다 얘기도 많이 나누는 친근한 이웃이었다. 조용하신 성품의 왜소하신 남편분과 아드님 둘과 함께 다복해 사시는 가정이었다. 어린 우리 두 아이들이 인사를 건넬 때마다 무척 귀여워해주셨다. 입주하고 1년도 안 돼서 작은 아이가 입학한 뒤 등하교 때문에 초등학교 근처로 이사를 갈 때 무척 아쉬워하셨다. 몇 년 동안만 살다가 다시 올 거니까 그때 만나자고 인사를 나누고 헤어졌다. 친정 근처 아파트에 전세를 얻어 4년을 살았다. 학교도 가깝고 엄마 집도 가까워서 일을 하는 나로서는 아이들을 맡기면서 부모님의 도움을 받으니 편했다.

4년 만에 아파트로 다시 들어가면서 새로운 기분으로 이사를 준비했다. 중학교가 가까워진 큰아들은 학교 다니기 편해졌고 작은 아들 등교는 차로 도우면서 자주 들락날락했는데 이상한 건 앞집이 유난히 조용하다는 것이다. 이사 온 뒤 몇 달이 지났는데도 인기척이 없고 마주치는 일도 없었다. 이사 갔나 싶어 이웃들에게 물으니 정확히 근황을 아는 사람들이 없었다. 그리고 앞집 아주머니를 오래간만에 다시 만났을 때 너무 수척해진 모습에 깜짝 놀랐다. 몰라보게 살이 빠지시고 피부는 푸석해지시고 생기가 없어진 모습에 그동안 무슨 일이 있었나 싶었다.

그때 아저씨께서 심장마비로 갑자기 돌아가셨다는 비보를 듣게 됐다. 너무 젊으신 나이에 준비되지 못한 갑작스런 이별은 아주머니를 너무 변하게 만들었다. 내가 이사 오기 1년 전 일이라고 했지만 여전히 슬픔과 고통에서 헤어 나오지 못하셨다. 힘내시라고 위로 아닌 위로를 해드리고 가끔 뵐 때도 어두운 표정이 안타깝고 마음이 무거웠다. 아직 부동산 일을 다니시고 계셨고 큰아들은 결혼 했다는 말에 그나마 마음이 놓였다. 하지만 점점 초췌하게 변하는 아주머니를 뵐 때마다 걱정이 되었다. 손에는 늘 막걸리에 소주가 담긴 술 봉지가 들려있었고 눈은 전보다 더 퀭해 보였다. 점점 더 앙상해가는 아주머니는 낯빛까지 변해 병색까지 느껴졌다. 무표정해지셨고 말은 어눌해지셨고 눈을 마주쳐도 도무지 생기가 없었다.

식사는 잘 하시는지 아들들은 어떻게 지내는지 이런저런 대화를 시도했지만 대화가 이어지지 않았다. 한참 동안 두문불출하신지 볼 수가 없을 때쯤 앞집 아주머니 근황을 묻는 이웃들이 있었다. 항상 술을 사들고 다녀서 알코올 중독 같다며 걱정된다고 묻는 걸 보니 꽤 많은 이웃들이 본 것 같다. 오래간만에 아주머니를 다시 뵌 것은 아파트 현관 입구 계단 앞에서 쭈그리고 앉아계신 모습이셨다. 왜 이렇게 오래간만이냐고 일으켜드리고 부축해서 집으로 모셔다 드렸다. 손까지 떨고 계셨고 제대로 걷지도 못하셨다. 집 문을 열고 들어가니 현관은 치우지 않은 술병으로 가득했다. 너무 안타까웠다. 술은 이제 드시지 말고 식사하시라고 안으로 모셔다드리고 나왔는데 그게 마지막 모습이었다.

며칠 후 119가 오더니 앞집 아주머니가 실려 가셨다. 돌아가셨다고 했다. 아저씨가 돌아가시고 혼자 남으신 아주머니가 그 슬픔을 술로만 달래셔서 알코올 중독이 되면서 심정지로 이어진 것이다. 부부가 함께 살다가 사별을 하는 것이 가장 큰 스트레스라는데 아주머니도 그 중의 한 분이셨다. 강하고 씩씩하셔서 잘 이겨내실 줄 알았는데 생의 마지막 모습이 너무 쓸쓸해보였다.

부부로 살다가 헤어짐을 경험한 많은 사람들이 그 슬픔을 잘 견디면서 먼저 간 사람의 몫까지 씩씩하게 살아간다면 좋겠지만 그 충격을 견디지 못하는 사람들이 많다. 아버지가 먼저 떠나셨을 때 홀로 남겨진 엄마도 오랫동안 우울해하셨고 지금도 언제 떠나도 미련이 없다고 하신다. 오래 함께 해로한다면 좋겠지만 그건 우리 힘으로 될 수 없는 일이다. 바라건대 부부가 함께 한 시간을 소중히 여기면서 그 시간들을 잊지 않고 추억하며 견뎌내며 살아가야 하는 것이 슬프지만 인생이다.

    19층에 사시는 남자 한 분은 부인과 언제 무슨 이유로 사별했는지는 자세히 알지 못하지만 초등학생으로 보이는 남매와 셋이 지내면서도 늘 밝은 얼굴이셨다. 아이들과 엘리베이터에 같이 타면 항상 먼저 웃으며 인사하시고 아이들도 얼마나 예의가 바른지 모른다. 아이들과 늘 이런저런 대화를 나누고 계셨고 표정이 모두 밝았다. 쑥쑥 크는 남매를 볼 때마다 놀라면서 인사를 건넬 때면 앞집 아주머니 생각이 났다. 이렇게 잘 이겨내시면서 씩씩하게 사시는 분도 계시는데 조금만 더 힘을 내시고 강하고 긍정적으로 사셨다면 그렇게 쓸쓸한 모습으로 떠나시진 않았을 텐데.

    지금은 아드님 혼자 사는데 가끔씩 볼 때마다 점점 얼굴이 어둡고 집은 내놓은 것 같았지만 아직 매매가 되지 않은 것 같았다. 항상 적막만 흐르는 앞집을 마주할 때마다 문득 그때 모습이 떠올라 지금도 마음이 편치 않다. 이제 그리운 아저씨와 만나 다정히 손잡고 계시면서 더 이상 외롭지 않으시겠지.

그들만의 사랑법

　내가 좋아하는 작가님은 박완서 님이다. 그분의 글은 섬세하고 따뜻하다. 〈노란 집〉이란 책은 내가 좋아하는 산문집이다. 왕성히 작품 활동을 하시며 많은 글을 집필하셨던 작가님께서 10년 전쯤 80세에 돌아가셨다는 소식을 접했을 때 '문학의 거장이 가시는구나' 하는 허망함이 밀려왔다. 굴곡진 삶을 사신 작가님이 편안하게 영면하시도록 작가님의 명복을 빌었다.

　〈노란 집〉은 작가님이 살아온 삶의 모습과 그분의 사상과 인격. 정신이 오롯이 느껴지는 수필이다. 읽는 내내 참 따뜻하고 편안하며 잔잔하면서 큰 울림을 주었다. 나도 그분처럼 소박한 삶을 담백한 수필로 담고 싶다는 꿈을 꾼다. 작가님의 수필은 언제 읽어도 참 편안하다. 마침 날씨도 흐리고 커피 한잔 마시면서 책을 읽기 딱 좋은 날이어서 최근 다시 읽었다.

　'토라짐'이란 이야기 속 노부부를 보며 부부들이 사는 모습이 다 비슷하구나 싶었다. 아들이 보낸 비싼 알배기 굴비를 굽고 상을 차린 뒤 딸의 전화를 받고 나서 먹으려고 가보니 굴비는 온 데 간 데 없고 머리와 꼬리에 등뼈 가시만 남은 굴비를 보고 어이가 없어 '내가 저런 제 입밖에 모르는 인간과 오십 평생 살았구나.' 비참에 내던졌다는 글 속에서 노마님의 분노가 고스란히 느껴졌다. 굴비를 못 먹어서가 아니라 자기만 생각하고 부인이 토라진 이유조차 모르는 남편에 대한 야속함 때문이다. 따지면 뭐하겠냐며 서운해도 평소처럼 그냥 또 넘어갔다는 이야기다.

이 글에선 오버랩 되는 누군가가 떠올랐다. 그 이기적인 어떤 남편도 자기밖에 모른다. 마누라 이름만 부르면 다 되는 줄 안다. 물마시고 싶을 때 커피 마시고 싶을 때 배고플 때면 의례히 아내 이름을 부른다. 동갑인 부부는 평소에 친구처럼 지내지만 맞벌이에 자녀가 셋인 대식구 살림을 하면서 퇴근 후 혼자 바빠 동동거려도 집안일 하나 거들지 않는다. 그렇게 몇 십 년을 살아온 부부라 내려놓고 살아서 그런지 불평도 잔소리도 안하는 아내는 가끔 화가 치밀 때면 "이 인간아~" 하며 투덜거리는 것이 전부이다. 참 인내심 많고 성격도 좋다. 남편 본인도 안다. "아내 복 하나는 기가 막히게 타고 났다."라고 말하면 "인정합니다." 하며 허허거리며 웃는다. 대신 질대 잔소리를 안 한다. 무엇을 해도 오케이다. 친구들을 좋아하고 지인들과도 모임과 약속이 많은 것도 외출이 잦은 것도 다 이해한다. 저녁밥만 해결해주고 나가면 다른 불평불만이 전혀 없는 그들만의 사는 법이다. 고집스럽고 자기밖에 모르는 남편이지만 불협화음보단 서로 타협하며 사는 방법을 터득한 아내만의 지혜가 아닐까 싶다.

친한 친구는 갈치를 구우면 제일 큰 토막은 남편. 그다음은 두 딸들. 자기는 꼬리 차지라고 말한다. 스스로 자처한 엄마의 마음. 아내의 마음이 같은 처지인지라 그 마음을 알지만 가끔은 제일 큰 가운데 토막을 누릴 권리도 있으니 당당히 누리라고 서로 토

닥인다. 간이 배 밖으로 나오지 않고서야 요즘 젊은 부부들 결혼 생활에선 상상도 못 할 일이다.

'그들만의 사랑 법'에선 반대로 힘든 농사일 서로 거들다가 잠시 쉬며 양은 주전자에 담긴 막걸리 한 사발 마시는 게 유일한 낙인 노부부는 서로를 생각하는 마음이 애틋했다. 마나님은 영감님이 '막걸리 대작할 이가 없이 혼자 쓸쓸해지면 어쩌나' 걱정하고 영감님은 '마나님의 쭈그렁바가지처럼 편안한 얼굴을 보고 세상을 뜨고 싶은데 요즘 마나님 건강이 염려된다'는 그들만의 애틋한 사랑 법을 보여주었다. 물론 말로 표현하지 않고 속으로 만의 생각이지만 그 정도 살았다면 눈빛만으로도 마음을 읽을 것이다.

이 글의 노부부처럼 서로 위해 주며 아름답게 늙어간다면 얼마나 보기 좋을까. 서로 희어진 머리를 보며 내가 늙어가는 것처럼 마음 짠하고 자신을 위해 해준 작은 행동 하나에도 코끝이 찡해지면서 그렇게 아름다운 사랑 법을 누리고 산다면 소박하지만 얼마나 큰 행복일까 싶다.

'그들만의 사랑 법'이 부부마다 모두 다르지만, 박완서 작가님의 〈노란 집〉 제목이 주는 색깔이 주는 의미처럼 포근하고 따뜻한 마음으로 작은 사랑을 주고받아 보기를….

운이 좋게도

수영장 물을 갈아야 된다고 해서 일주일 휴장을 했다. 아침 시간이 한가하니 좋았다. 늦게까지 잠을 자고 싶어도 이미 습관이 들어 그게 되진 않지만 침대에서 여유를 부리다가 일어날 수 있으니 편했다. 일주일 뒤에 퇴근이 겹치는 날은 수영을 못 가는 남편이 이래저래 열흘 이상을 수영을 못 갔다며 몸이 찌뿌둥하다며 자유 수영을 간다고 했다.

마침 내 차가 너무 지저분하고 주유할 때도 돼서 부탁을 했다.
"오늘 수영 갈 때는 내 차 타고 가서 주유와 세차 좀 부탁해요. 차가 너무 지저분하고 난 셀프 주유가 익숙하지가 않아서요."
하며 핑계까지 댔다.
"알았어."
라고 하며 수영을 간 남편이 10분도 안돼서 전화가 왔다.
"왜요?"
"지난번 자동차 검사 받았다면서 불합격 받은 줄도 몰랐어?"
하며 목소리 톤이 높아졌다.
"어? 그래? 그런 말 못 들었는데. 들었으면 다시 받았겠지."
"검사 기간이 낼모레까지인데 내가 안 봤으면 어쩔 뻔 했어? 검사소 어디였는지 전번 찍어 보내!"
하며 전화를 뚝 끊었다. 화가 잔뜩 난 목소리였다. "그런 사소한 것도 못 챙기느냐!"고 잔소리할 게 분명했다.

'그럴 수도 있지. 얼마나 다행이야. 지금이라도 알았으면 된 거지!'

내 마음은 이렇게 긍정 모드가 발동하는데 왜 화를 내는지 모르겠다. 예전 같았으면 화내는 남편에게 서운하고 삐져서 싸우면 며칠 동안 말도 안 하고 지낼 때도 있었지만 지금은 싸울 일이 없어졌다. 웬만한 일로는 화도 안 난다. 내성이 생겼다고나 할까.

수영을 하고 온 남편이 자동차 검사소까지 들렸을 텐데도 생각보다 빨리 왔다. 태연한 척 물었다.
"근데 어떻게 알았어요?"
"갑자기 자동차 연식이 궁금해서 확인하다가 검사통지서를 봤지."
"그래요? 얼마나 다행이에요. 하필 오늘 내가 당신한테 주유와 세차를 부탁하고, 갑자기 당신은 그걸 확인해서 얼마나 다행이에요. 낼모레를 넘겼다면 벌금이 나왔을 텐데 절묘한 우연의 일치에 감사해야지. 물론 확인하지 않은 내 잘못이 크지만 몰랐으니까 못했겠지, 일부러 그런 것도 아닌데 소리칠 일은 아니잖아요. 운이 좋았네. 생각하면 좋잖아요."
차분하게 조근조근 말하자
"그러게. 미안!"
하면서 머쓱해했다. 브레이크 등이 나가서 불합격 받은 거였고, 평소 다니는 정비소에 갔더니 그냥 해주셨다고 했다. 내가 보낸 전화번호로 미리 예약해서 금방 검사가 끝나서 온 거라고 했다. 물론 검사비도 들지 않았다. 손해 본 것도 없는데 내가 화내면서 말했다면 사소한 일로 종일 기분이 상했을 게 분명했다.

 남편은 꼼꼼하고 완벽한 성격이다. 반면 난 덜렁이에 성격까지 급해 실수가 잦다. 내가 실수하면 남편 눈치를 볼 때가 많다. 완벽한 남편 앞에선 내 실수가 모자람으로 보일까봐 조심스러운 게 사실이었다. 하지만 살다보니 내 목소리는 어느새 커졌고 나이가 들수록 남편에게 큰소리치며 살만한 힘이 생겼다. 실수할 때 뒤치다꺼리하는 남편에게

 "둘이 똑같았다면 얼마나 재미없었겠어? 내 덕분에 심심할 틈이 없지?"

 이제 여유를 부리며 농담까지 한다. 그럼 어이없다는 표정을 지으면서 그저 웃는다.

 사는 모습은 다 비슷하고 살면서 조금씩 변한다. 살다보면 실수힐 수도 있고 깜박삼박 잊을 수도 있다. 그게 아주 중요한 일이 아니라면 너그럽게 관용으로 넘어가야 한다. 다그치고 화낸다고 어차피 지난 일이 달라지는 것도 아니다. 자기 잘못도 인정하고 남의 잘못에도 관대하고, 남의 눈에 있는 티는 보면서 내 눈에 있는 들보는 보지 못하는 사람이 되어서는 안 된다.

 이 얼마나 절묘한 우연의 일치인가. 긍정적으로 생각하고 이미 일어난 일에 대해선 되돌릴 수 없는 만큼 깊이 고민하지 말고 지금 같은 상황에는 '운이 좋았구나' 생각하면 되지 않나!

아끼다 똥 된다

좋은 것 아끼지 말라는 한 시인이 있다. 예쁜 옷 철 지나기 전에 입고 마음 또한 물기 마르지 않게 아끼지 말고 주라 하고 맛있는 음식 먹고 싶을 때 먹고 좋은 음악 듣고 싶을 때 듣고 사랑하는 사람을 보고 싶을 때 그리워하며 아끼지 말고 감정을 표현하란다. 감정 메마르고 눈물 인색하고 인정 없이 아끼면서 삭막하게 살지 말라는 나태주 님의 〈아끼지 마세요〉 라는 시이다.

마음에 와닿는 말을 간결하게 담아내 좋아하는 시인은 평소 머플러에 좋은 옷을 간직만 하고 쓰지 않던 부인에게 했던 말이 생각나서 그대로 쓰신 시라고 했다. 부인이 어떻게 사셨을지 짐작이 된다. 예전 부모님들은 뭐든 아끼지 않으면 살기 어려운 힘겨운 시대를 살아왔다. 그래야만 가난을 벗어날 수 있었고 대식구 먹고 살 수 있기에 아끼는 습관이 당연했을지 모른다. 어머니들은 궁색할 정도로 뭐든 아끼고 자신을 위해선 더 인색했다. 아버지들은 물질보단 감정 표현을 아끼셨는지 무뚝뚝하고 가부장적 태도가 몸에 배이셨다. 어릴 때 주변에서 살갑고 다정한 아버지상을 거의 본 적이 없어 모든 아버지들은 다 그런 줄 알았다. 친구 집에서 자상하고 친근하고 다정한 친구 같은 아버지를 보았을 때 그 낯설고 신선한 충격이었다. 요즘은 어디서든 볼 수 있는 아버지들의 모습이다. 남자들이 감정을 아끼지 않으면 집안 분위기가 달라지는데도 왜 그렇게 어려운지 모르겠다. 감정도 아끼면 똥이 되는데도 말이다.

　시인이 아끼지 말라는 말은 아끼다 똥 된다는 말과도 일맥상통한다. 아끼다가 쓸모없어지거나 쓸 수 없게 된다는 추풍단선(가을의 부채)과 동선하로와 하로동선(겨울철 부채와 여름철 난로) 사자성어도 있지만 생각보다 실천이 쉽지 않다. 뭐든 아끼고 절약했던 나였다. 신혼 때 가장 아낀 건 돈이었다. 신혼 초엔 월급이 많지 않아 쓸 돈이 넉넉지 않은데다 시부모님과 함께 사니 기본 생활비를 드리고 아파트를 분양받아 알뜰히 모아야만 중도금을 넣을 수 있었다. 아파트 장만을 목표로 하니 부족한 건 얼마든지 감수했다. 월급의 일부는 먼저 저축해야 마음이 편했고 목돈을 만들어놓고 나면 그렇게 뿌듯할 수 없었다. 저축은 아끼는 좋은 습관이다. 일단 저축해 놓고 남는 돈을 쓰니 부족한 건 당연하니 자연스레 아낄 수밖에 없다. 외출할 일이 있어도 아이들 둘 데리고도 택시 한 번 안 타고 세일하는 옷만 골라 첫째를 입히고 둘째는 큰아들과 나이가 같은 사촌 형 옷까지 물려 입혀 그야말로 거저 키웠다. 마트에 가도 질 좋은 상품 보단 양 많은 상품을 고르던 내 처지는 목표가 있었기에 초라하지 않았다.

　나중까지도 절약이 몸에 배어 오랫동안 고치기 힘든 습관이 되어 버렸다. 그렇게 악착같이 모은 돈이 누군가에게 빌려준 대출금을 갚느라 비싼 이자 내고 결국 원금까지 갚았을 때 아끼다가 똥 된 기분이라 억울하고 착잡해서 처음엔 잠도 안 왔다. 가족 중 사업 시작한다고 사업 자금 보태주는 등 애먼 사람 주머니에 들어갔을 때도 아끼고 악착같이 모은 결과가 그거였으면 아끼지나 말고 실컷 쓸 걸 나한테도 화가 났다. 미안하고 고맙고 항상 애쓴다며 알아준 남편이 있었기에 그것으로 족하자면서 스스로 마음을 다스렸다. 도울 수 있는 처지가 된 것에 감사하고 지난 일은 잊자며 내려놓고 마음을 비우니 한결 편안해졌다.

내가 좋아하는 방탄소년단의 "고민보다 go"라는 노래에도 아끼다 똥 된다는 가사가 있어 들었을 때 카타르시스가 느껴지고 통쾌했다. "내 통장은 밑 빠진 독이야. 난 매일 같이 물 붓는 중. 차라리 걍 깨버려. 걱정만 하기엔 우린 젊어. 오늘은 고민보다 go 해 버려. 쫄면서 아끼다간 똥이 돼 버려. 문대버려" 뭐든 아끼려고 애쓰는 우리 고민을 시원스럽게 날려버리고 탕진잼 탕진잼 하라며 신나게 노래했다. 탕진잼을 언제쯤 누려볼 수 있을까!

내가 아낀 건 옷도 있다. 어쩌다 한 번 백화점에서 비싸고 좋은 옷을 사놓고는 중요한 행사 외에 아끼면서 자주 입지 않다가 유행이 지나고 나중엔 비싸게 산 옷이라 버리지도 못하고 난감한 적이 한두 번이 아니다. 진짜 고치고 싶은 병이다. 남편은 내가 아끼는 옷과 가방 등도 시장갈 때도 쓰라며 "아끼지 말라"고 한다. 그게 왜 안 되는지 몸에 베인 습관 탓인지 엄마의 모습을 보고 자란 탓인지 잘 모르겠다.

오 남매 자식을 키우면서 엄마는 자신을 위해 쓰는 것이 거의 없었다. 좋은 옷 하나 마음껏 안 사 입으셨고 밖에서 음료수, 간식, 떡 등 하나라도 생기면 안 드시고 가져와선 꼭 우리들에게 주셨다. 먹이를 물어다주는 어미 새처럼 잘도 받아먹는 아기 새였다. 심지어 엄마가 외출하면 뭘 들고 오시나 나중엔 내심 기다리기까지 했으니. 남편의 기억에도 그런 어머님의 모습이 남아있다. 터미널에서 국수를 먹는데 배가 고프지 않다며 한 그릇만 시켜서 맛있게 먹고 나자 엄마가 남은 국물을 다 드셨다고 했다. 어렸을 땐 몰랐던 그 행동의 의미를 커서야 알았다고 했다. 그런 이유로 가수 god의 노래 "엄마는 짜장면이 싫다고 하셨어." 가사가 가슴 아프고 어릴 때 기억이 떠오른다며 싫어한다.

내가 엄마가 되고 남편이 아빠가 되어보니 우리 삶도 크게 다르지 않다. 예전 부모님 시대야 못 먹고 가난한 세대여서 아껴서 자식 주고 인정을 베풀며 남도 주던 시대였다지만 우리 세대는 그렇시노 않은데도 눌 다 보고 자란 건 어쩔 수 없나 보다. 자청해서 아끼고 사는 우리를 요즘 세대로선 전혀 이해되지도 않고 이해할 수도 없고 이해하고 싶지도 않은 사고방식과 생활 태도일 것이다.

우리 세대는 부모 세대를 책임지는 마지막 세대이고 자식에겐 버림받는 첫 세대여서 제일 불쌍한 '샌드위치 세대'라고 분석한 이도 있다. 허리띠를 졸라 매고 아낀 부모 세대를 보고 배워 부모님을 챙기고 자청해서 아껴 자식에게 뭐라도 주고 싶어 하다가 우리가 나이 들면 자식 세대에겐 기댈 수 없다는 말이다. 그러니 아껴서 똥 되게 하지 말고 지금부터 노후 대책도 하고 스스로 살아갈 힘을 비축해야 한다.

　이젠 아끼고 싶지 않다. 조금 여유가 생기니 좋은 것도 사고 갖고 싶은 것도 갖는다. 여전히 사치를 부릴 만큼은 아니더라도 누군가에게 마음을 표현할 정도의 여유는 되니 훨씬 부담이 줄고 마음 편하다. 전엔 하고 싶어도 할 수 없었다면 지금은 힘들거나 기쁜 소식이 들리는 가족들과 친한 지인들에게도 내가 할 수 있는 범위 내에서 소소하게나마 진심으로 마음을 표현하려고 애쓴다. 나를 위한 선물도 한다. 비싼 것이 아니더라도 충분히 기분 전환과 보상이 된다. 나에게도 남에게도 자식에게도 인색하고 싶지 않다. 넉넉한 마음을 갖고 이젠 유용하고 쓸모 있게 쓰고 싶다. 아껴서 똥 되지 않도록 인정도 감정 표현도 물질도 아끼지 말고 탕진잼도 누려봐야지.

타산지석

25년차 변호사가 보고 듣고 겪은 드라마보다 더 드라마 같은 조우성 변호사의 에세이 〈한 개의 기쁨이 천 개의 슬픔을 이긴다〉를 읽으면서 내 경우와 비슷한 케이스를 보고 그때 일이 떠올랐다.

변호사님의 비서로 일하고 계신 분의 언니께서 당한 일이다. 골목에서 자전거를 탄 아이와 접촉 사고를 내고 아이가 안 다쳤다고 학원에 간다고 해서 명함만 주고 간 일이 빌미가 되어 뺑소니로 협박을 받게 된 내용이었다. 건네준 명함에 대기업인 걸 보고 아이가 전치 3주를 받았다며 삼촌이란 사람이 3천만 원의 합의금을 요구한 사건이나. 고민하는 언니를 위해 사건을 부탁해서 변호사님이 알아보니 나중에 부모가 아닌 사건의 목격자였다는 사실이 밝혀졌다. 전혀 모르는 사람이 아이에게서 명함을 받고 협박해 돈을 갈취하려던 것이다. 이상한 낌새를 느낀 변호사님은 진단서와 부모 연락처를 요구하고 3천만 원 합의금에 대한 협박 녹취를 했다고 말하자 없었던 일로 하자며 꽁무니를 뺀 어이없는 사건이었다.

나도 오래 전 뺑소니로 고소당해서 경찰서로 오라는 문자를 받고는 너무 당황해서 심장이 떨렸던 일이 떠올랐다. 내 경우는 이랬다. 상가 건물에서 나오면서 좌회전을 하기 위해 좌측을 보다가

신호가 끊길 것 같아서 급히 액셀을 밟았을 때 쿵 소리가 났다. 너무 놀라서 내렸더니 오른쪽에 자전거 탄 아이가 넘어져 있었다. 일으키면서 먼저 괜찮은지 물었지만 아이는 다친 데가 없다며 그냥 가도 된다고 했다. 난 그럴 수 없다고, 엄마 전화번호를 물어서 전화를 걸었다. 상황을 설명하려고 했지만 전화를 받지 않으셨다. 문자는 따로 하지 않았어도 전화번호를 남겼으니 무슨 일이 있으면 연락하라고 아이에게 당부했다. 저녁때까지 전화가 오지 않아 괜찮으니 하지 않았거니 안심했다. 그런데 한 달도 훨씬 넘어 경찰 문자를 받은 것이다. 아버지께서 고소하셨고 구호 조치를 하지 않은 것과 사과 한마디 없던 것에 화가 나셨다는 걸 알게 됐다. 그날 늦게라도 문자나 전화를 다시 드렸어야 했는데 아차 싶었다. 어쨌든 내 잘못이었다. 조사를 받으면서 아이 엄마께 전화를 건 것이 확인이 되면서 참작이 되었다. 아이의 자전거가 고장 나 있어 고치러 가면서 그때 사고 얘기를 나중에 들었다고 하셨다. 화가 나사 아버님은 사고 장소의 cctv를 찾아 차량 번호를 보고 사건 접수를 하신 거라고 했다. 다친 데는 없었지만 '괘씸죄'가 적용된 것이다. 무조건 죄송하다고 사죄했고 아이가 안 다친 것만 보고 안심해서 돌려보낸 내 생각이 짧았다고 용서를 구했다.

처음엔 완강했던 아버님도 엄마께 전화를 했다는 사실과 내가 내려서 아이가 안 다쳤는지 확인하고 안아주는 것을 CCTV에서 보시곤 마음을 누그려 뜨려 잘 넘어갔다. 자전거 수리비라도 배상하겠다고 했지만 마다하셨다. 다른 금전적 이익이 아닌 진짜 아이를 생각하신 마음이셨다. 너무 죄송하고 나도 아이를 키우는 입장이라 진짜 그냥 간 건 아니라며 진심을 전하면서 감사하다고 했다. 아찔했다. 내 실수가 분명했다. 항상 마음과는 다르게 일이 흘러갈 때가 있다. 처음에 조금만 더 깊게 생각했다면 다른 결과를 가져올 수 있던 일이라서 큰 교훈을 얻었다. 법을 악용되거나 보험을 타기 위해 일부러 사고를 유발하는 무서운 일들이 많은 세상에서 항상 조심 또 조심하고 어떤 크고 작은 사고든 그에 맞는 책임을 져야 한다는 사실을 뼈저리게 느꼈다. 다시는 겪어서도 안 되고 안일하게 대처해서도 안 된다는 타산지석이 되었다.

젊은이들의 번아웃

한 외국 작가가 한국을 가장 불행한 나라로 소개하면서 한국의 젊은이들의 치열한 사회생활이 다시 한번 조명되었다. 학창 시절부터 입시 스트레스에 이어 취업 스트레스와 고공행진 하는 분양가와 전세금으로 결혼 스트레스. 재테크 스트레스 등 스트레스가 가장 많은 나라에 자살률 세계 '1위' 나라라고 소개하며 그 원인을 분석한 기사를 보았다.

우리 사회가 평가 만능주의에 기인한 이유 때문이라고 한다. 실패를 개인의 탓으로 돌려서 잘 하지 않으면 성공할 수 없다고 여기게 만들어 치열한 경쟁에서 낙오되지 않기 위해 애쓰다 보면 번 아웃이 올 수 있다. 입시가 끝나면 대학에서 취업을 위한 스펙 쌓기. 교환학생. 인턴. 자격증 등 끝이 없고 뭔가 하지 않으면 도태된다고 여겨 스스로 자괴감에 빠지기도 한다.

지금 시대에 대학을 다녔으면 버티지 못 했을 거라며 남편과 가끔씩 농담 섞인 말을 한다. 취업 준비하는 아들들만 봐도 머리가 아프고 지친다. 자소서에 이어 인.적성 준비와 면접 준비 등 그걸 견뎌내는 젊은이들의 압박감을 알 것 같다. 번 아웃은 과도한 스트레스로 심신이 탈진해 지친 상태를 말한다. 한두 번 실패하다가 번 아웃이 되면 무기력. 우울감. 권태. 낮은 자존감 등으로 이어지기도 한다.

한창 공무원 경쟁이 치열하더니 연봉과 업무에 만족을 못해 입사하자마자 이직자에 퇴사자도 많아 인기가 시들해졌다. 힘들게 들어간 회사에 부적응하면서 만족과 행복을 찾지 못하는 것이다.'이런 일 하려고 힘들게 공부했나!'하는 회의가 밀려온다고 한다. 적성을 찾는 것도 중요하지만 일하다 보면 적응을 하거나 적성에 맞을 수 있는데도 연봉과 자기만족이 잣대가 된다. 쉽게 포기하지 말고 해 볼 만큼 최선을 다한 후에 후회가 남지 않도록 하면 좋지 않을까. 힘들지 않은 사회생활은 없는데 그걸 견디는 인내가 부족한 것도 사실이다.

큰 아들은 입사 5년 차. 작은아들은 이제 3년 차가 되어간다. 큰아들이 회사에 갓 입사했을 때 사내 분위기나 업무 등이 궁금해서 물어보면 자유롭고 간섭받지 않는다고 했다. 옷도 자유복이고 싱사들에 대해 물어봐도 나이대가 대부분 젊어서 그런지 서로 터치하지 않고 자기 업무에만 집중한다고 했다. 둘째도 자기 업무 열심히 하고 가끔 야근할 때를 제외하고는 칼 퇴근을 해서 시간이 많다 보니 취미 생활을 시작했다. 수영을 하며 여가를 보낼 만큼 시간적 여유가 있었다.

25년간 회사를 다닌 남편은 매일 양복을 입고 출근해 일주일치 와이셔츠를 다려놓는 게 가장 힘든 일이었다. 토요일 근무까지 있어 주 5일제 근무로 바뀌었을 때 새로운 변화에 환호하던 시대였다. 능력 없는 피곤한 상사들을 만나면 업무 외에도 많은 스트레스를 받았고 야근과 잦은 회식으로 힘들어했지만 참고 견디며 25

년을 성실하게 버텨낸 일은 지금도 고맙다.

지금 젊은 세대들은 자유 복장에 자유로운 근무 여건. 탄력적으로 선택할 수 있는 출퇴근 시간 등 예전과는 다르고 자유로워져 확실히 사내 분위기가 바뀌었다. 우리 세대가 보기엔 너무 편해졌다고 생각하는데도 이직과 부적응이 늘고 있다. 회사 생활에 지친 이들이 번 아웃을 겪지 않도록 이런저런 방법으로 사회생활에 적응해야 한다. 스스로 방법을 찾는 젊은이들 중엔 출근길 카페에 모여 담소를 나누는 모임도 있고 퇴근 후에 취미 생활을 하며 여가를 즐기는 등 업무에서 벗어나 머리를 식히고 방법을 찾는다는 내용이 기사화되기도 했다. 제약 회사에 다니는 작은 조카도 비교적 퇴근이 정확해 클라이밍에 스쿼시 등을 배우고 큰 조카는 매일 헬스를 다니고 시간만 되면 자매가 여행을 가는 등 사회생활로 지친 심신에 나름 활력을 찾으며 지혜롭게 생활한다.

영국에 외로움을 담당하는 장관이 생겼다는 흥미로운 기사를 얼마 전에 접했다. 외로움으로 인해 고통 받는 영국인이 무려 900만 명에 이른다고 하니 그런 장관이 생길 법도 하다. 외로움이 주는 경신 적인 고통은 매일 담배 15개비를 피우는 정도의 해를 우리 몸에 끼친다고 한다. 우리나라도 전체 가구 형태 중에서 혼자 사는 1인 가구 의 비중이 점점 높아진다는 통계가 연일 보도된다. 이젠 1인 가구가 4인 가구 수를 앞질렀다는 기사도 접했다. 어르신들뿐만 아니라 젊은이들도 혼자 사는 경우가 크게 증가했다. 오랫동안 그 누구와도 연락하지 않고 살다가 고독하게 사망

하는 경우가 점점 늘고 있어 외로움이나 번아웃은 심각한 사회문제가 되고 있다.

젊은이들이 건강해야 사회가 밝고 미래가 밝아진다. 미래를 짊어지고 가야할 젊은이들의 심신이 지치니 결혼도 출산도 회피하는 사회가 되어버렸다. 0.6명 초저출산이라는 심각한 통계 앞에 우리 사회의 각성이 필요하다. 무엇이 이들에게 가정이란 아름다운 꿈을 포기하고 혼자만 편하게 잘 살면 그만이란 가치관을 심어주었는지 암담하고 걱정되지 않을 수 없다. 몸과 마음은 심기일여로 하나이다. 몸이 아프면 마음이 병들고 마음이 아프면 몸이 병이 든다. 우리가 건강하게 살기 위해선 나름대로 몸과 마음 모두 건강해야 한다. 젊은이들이 번아웃이 되지 않도록 스스로 행복의 기준을 정해 찾아가야 한다. 앞으로 더 치열한 삶과 점점 가중되는 삶의 무게를 살 감낭할 수 있도록 말이다.

공존하는 희극과 비극

50대가 되어보니 인생이 새롭게 보인다. 어느 정도 살다보니 경험이 다양해지고 관계를 맺는 주변 사람들도 늘면서 복잡 다양한 일들도 많고 생각과 고민도 깊어진다. 인생은 희극과 비극이 공존한다. 시인도 철학자도 삶을 논한 많은 사람들도 한마디로 정의할 수 없는 것이 인생이다. 마음먹은 대로 뜻대로 되지 않고 원치 않는 방향으로 흐를 때도 있다. 인생의 깊은 고뇌로 방황과 갈등에 빠진 햄릿처럼 삶을 그만둘 수도 지속하기도 힘든 상황이 우리에게 분명히 찾아온다.

주변에서도 참 힘든 삶을 견뎌낸 사람들이 많다. 직장암 3기 진단을 받고 선 항암, 암 수술, 후 항암을 하고 장루를 차고 다시 장루를 넣는 수술까지 1년 넘게 힘든 투병을 견디면서도 형부는 늘 "이 또한 지나가리라" 하며 강하게 버텨냈다. 삶에 대한 의지가 강하고 인내심이 많은 형부였다. 힘들고 고통스럽지만 다 지나갈 거라고 말하던 형부가 회복되어 복직해서 첫 월급을 받아왔을 때 언니는

"이 피 같은 돈을 어떻게 쓰냐!"

하면서 눈물을 흘렸다. 아플 때 지극 정성으로 간호해준 언니를 형부도 무척이나 고마워하면서 부부애가 애틋해졌다. 친구나 언니. 형부 모두 슬픔의 눈물이 기쁨의 눈물로 바뀌고 비극이 희극이 된 순간이었다. 이제 5년이 지나가고 아팠던 형부. 언니와 큰

언니 부부까지 작년 봄에 이태리 여행을 함께 다녀왔으니 가슴 벅찬 감격의 순간이었다. 삶은 고되지만 힘든 일은 언젠가는 또 지나간다. 잘 회복해서 정기 검진 때마다 안심하고 돌아오는 형부를 보며 이 또한 희극이지 않은가.

몸이 아픈 비극만 있지 않다. 경제적으로 어려움이 찾아와서 고통을 겪는 사람들, 3년 동안 지속된 코로나로 가족을 떠나보낸 사람들, 병마로 신음하는 사람들, 자연재해와 전쟁으로 보금자리와 가족까지 잃고 좌절하는 사람들. 수많은 비극적인 사건들이 우리 마음을 아프게 한다. 영화나 드라마, 소설의 소재에서도 희극을 좋아하지만 시청자들이나 독자들이 희극보다 비극을 오래 기억한다는 이유로 새드엔딩으로 끝나는 것을 볼 때가 있다. 난 희망을 잃지 않고 견디면 다시 행복이 찾아오는 해피엔딩을 더 선호하며 우리 인생도 희극이기를 바란다.

비극을 겪은 사람을 자기 일처럼 아파하며 고생 끝에 낙이 온 사람들을 축하하며 격려하는 진심어린 마음에 힘을 얻고 평범한 삶이 지속되는 것이 가장 큰 행복임을 느낀다. 큰 욕심 부리지 않고 자신의 자리에서 최선을 다하며 묵묵히 인내하는 이들이 있어 삶은 아름답다.

'싱어게인 3'이란 프로에 사람들이 열광했다. 실력이 있음에도 계속된 무명 생활을 지속하며 설 곳이 없었던 이들이 이름을 알리고 기회를 얻어 무대에 서고 유명 가수가 된 것을 보면 저절로 응원하게 된다. 비슷한 시기에 끝난 '미스 트롯3' 도 오랜 시간 활동하면서도 빛을 보지 못한 사람들의 기회의 장이 되었다. 앞의 글에서도 언급했지만 '미스 트롯 3'에서 7위를 한 가수는 남편 친구 딸로 가까운 사이이고 '싱어게인 3'에서 3위를 한 가수와 둘은 절친이다. 예고 3년 동안 함께 꿈을 키웠고 졸업하고도 소속사를 기다리며 꿈을 잃지 않은 두 친구였다. 이제 가수의 꿈을 이루고 방송 진출을 하며 드디어 날갯짓을 시작했다. 얼마나 가슴이 벅차고 기대가 클까. 옆에서 바라보는 나도 이렇게 대견한데 부모나 가족의 마음은 어떨지 짐작된다.

    희극과 비극이 교차하는 걸 많이도 보면서 내가 겪은 인생철학이 있다. 먼저는 자만하지 말라는 것이다. 건강도 재산도 자식도 성공도 한순간에 나락으로 떨어질 수 있어 항상 겸손하며 감사로 살아야 한다. "선줄로 생각하거든 넘어진다."라는 성경 말씀이 있다. 자만은 넘어지는 지름길이다. 남들보다 우위에 있다고 '갑질' 하는 사람들이 비난받는 이유이다. 벼가 익으면 고개를 숙이듯 자만치 말고 겸손한 자세로 존중하고 몸에 익은 습관처럼 굳어져야 한다. 한 번에 인기를 얻은 연예인보다 오랜 무명 생활을 견디다가 빛을 본 연예인들이 일하는 자세가 겸손하고 성실한 건 어쩌면 당연하다. 배려심도 있고 기부와 선행도 많은 것은 인생의 쓴맛 단맛을 모두 맛보았기 때문이다.

    그럼에도 좌절은 금물이다. 인생에 나락만 있는 것도 아니고 다시 일어서는 순간도 분명히 온다. 미리 좌절해 극단적인 선택을 하거나 함부로 살거나 분노를 표출해 일면식도 없는 사람들을 화풀이 대상으로 삼아 일어난 사건들을 종종 마주한다. 누군가의 관심과 격려로 좌절이 아닌 희망의 끈을 놓지 않기를 바라면서 힘든 시간을 인내해야 한다. 또한 주변을 돌아보아야 한다. 한 친구가 이런 말을 한 했다.

"어릴 때는 돈 걱정도 없고 떡볶이만 사먹어도 좋았는데 지금은 맨날 돈 걱정에 사는 게 왜 이렇게 힘든 거야? 아무 걱정 없는 그 때가 그립다." 그 시절 고민이라면 성적이나 기껏해야 남자친구 정도였는데 책임감이 늘어난 지금은 할 일도 많고 걱정거리 투성이다. 자식들 결혼 걱정에 노후 생활비까지 걱정해야 한다. 그래도 우리는 누군가 어려움을 당한 이들을 외면하지 않는다. 상처 입은 사람들을 위로하고 여유가 있거나 마음이 있다면 베풀고 도우면서 살아가려고 애쓴다. 힘든 인생을 경험한 사람들은 주변에 힘든 사람들을 보면 외면하지 못 한다. 자신이 겪어봐서 익히 그 어려움을 알아 동병상련의 마음으로 챙긴다. 불우이웃들을 돕는 사람들 중에는 기업가나 연예인들의 거액 기부도 있지만 대부분 평범한 소시민들의 소액 기부와 돕는 손길이 더 많다. 받는 것보다 주는 것이 행복이라고 말한 시인처럼 나누고 베풀 때 그 행복이 더 크다는 것을 경험한다.

희극의 인생을 만들기 위해서는 내 노력과 의지도 필요하다. 아무것도 하지 않으면서 이루기를 바라면 안 된다. 힘들고 귀찮더라도 무엇인가 해낼 때 그 결과나 보상이 주어진다. 무엇을 하며 어떻게 사느냐는 내 인생을 결정하는 중요한 열쇠이다. 긍정적으로 생각하며 인내하고 주어진 삶에 최선을 다할 때 뜻밖의 기쁨이 찾아오고 뜻밖의 소식들이 들려온다. 큰아들은 직장 5년 차. 둘째는 직장 3년 차가 넘어가고 있다. 졸업 후 좁은 취업의 관문을 넘을 때 노심초사하며 지켜본 힘든 시간이 지나가자 기쁨이 찾아왔다. 어차피 한 번은 겪어야 할 일이라면 맡은 일에 묵묵히 최선을 다해야 인생의 희극을 맛볼 수 있다. 사업에 실패했다가 다시 일어난 사람들, 빛이 보이지 않는 막다른 터널에서 빠져나와 다시 희망을 찾은 사람들, 뒤늦게 꿈에 도전해 이룬 사람들의 이야기에 우린 힘을 얻는다.

영원히 비극일 수도 희극일 수도 없다. 희극의 인생에는 감사하며 비극의 인생에는 희극으로 변할 거라는 희망을 잃지 않아야 한다. 인생은 언제든 교차한다는 사실을 잊지 않고 각자 주어진 삶에 최선을 다해야 한다. 길은 하나만 있지 않다. 곧은 길, 굽은 길, 가시밭길, 벼랑 끝 길도 있지만 그때마다 희극과 비극의 공존이 당연하다는 사실을 기억한다면 다시 헤쳐 나갈 방법을 찾게 될 것이다.

가치 있는 삶

우리나라가 2021년에 무역개발이사국에서 만장일치로 공식적인 선진국으로 인정받았다. 하지만 선진의식은 아직 멀어 보인다. 외국과 우리의 중산층 개념이 다르다는 사실은 익히 알고 있다. 영국과 프랑스의 중산층은 페어플레이. 자기주장과 신념. 불의나 불법에 의연히 대처하며 프랑스는 외국어 구사. 폭넓은 경험. 사회봉사. 하나의 스포츠. 하나의 악기. 별미로 손님 대접 등이 중산층의 개념으로 인식된다.

반면 우리나라는 30평 아파트에 부채가 없어야 하며 2000CC 중형차에 1억 원 정도의 현찰과 매년 한 번씩의 해외여행 등이 중산층의 기준이 되고있다. 젊은이들은 연봉이 얼마인지 몇 평 아파트에서 살 수 있는지가 배우자를 선택하는 중요한 기준이 되고 있다. 숫자가 기준인 우리는 자신의 값어치를 수치로 측정하며 그 수치가 낮아지면 상대적 빈곤을 느낀다. 진정한 가치는 숫자가 담을 수 없는 것들이 많음에도 남들과 비교하며 상대적으로 자신의 삶을 낮게 평가하며 불행하다고 느끼고 전전긍긍한다.

어린왕자는 숫자로만 설명하라는 어른들을 이해하지 못했다. 본질을 말하고 싶어도 숫자가 아니면 이해하지 못한다고 이상한 어른들이라고 말한다. 마음의 행복과 본질의 가치는 물질 이상으로 중요하다. "채소를 먹으며 서로 사랑하는 것이 살진 송아지를 먹으며 서로 미워하는 것보다 낫다"와 "마른 떡 한 조각만 있고도 화목 하는 것이 제육이 집에 가득하고도 다투는 것보다 낫다"라는 내가 좋아하는 지혜의 잠언의 말씀처럼 행복은 물질에서 나오지 않는다.

물질만능주의 시대에 살면서 허울 좋은 뜬구름 같은 소리라고 생각할지도 모른다. 물질은 크게 누리지는 못해도 삶이 불편하지 않을 만큼은 분명히 있어야 한다. 물질이 '있고 없고'에 따라 어려움이 따르고 청년들은 결혼을 포기까지 하는 시대가 되었다. 흙수저 금 수저를 나누며 부모의 배경을 부러워하기도 하고 그렇지 못한 젊은이들의 미래는 암울하다고 말한다. 물가는 치솟고 월급 빼고 다 오르는 사회 인플레 현상은 서민들의 삶을 힘들게 한다. 예전엔 중산층이었던 사람들도 서민층으로 전락 했다며 자조 섞인 불평을 한다. 하지만 경험으로 느끼는 이들은 많다. 가진 것이 많아도 집안이 평탄치 않거나 부부 사이가 좋지 않거나 자식이 부모 마음을 몰라주거나 때론 마음의 병이 찾아오거나 병이 발병되면서 아무것도 소용없어졌을 때 물질은 행복의 척도가 아님을 깨닫는다.

예전에 부산 국제 영화제가 개막되면서 초청되어 13년 만에 우리나라를 방문한 영화배우 주윤발을 보면서 사람들은 한 목소리로 말했다. 8천 억대 재산을 기부하고 본인은 대중교통을 타고 다니면서도 물질은 내 것이 아닌 빈손으로 왔다가 빈손으로 간다는 '공수래공수거' 그의 신조와 가치관에 경의를 표했다. 진정한 '노블레스 오블리주'를 실천하는 그는 전 세계인들의 사랑과 귀감을 받기에 충분한 행보를 보였다.

우리나라에선 〈어른 김장하〉 선생님의 다큐가 백상예술상을 받으면서 그 분의 삶이 다시 조명되기도 했다. 진정한 어른으로서 귀감이 되신 선생님을 보면서 내가 아닌 모두의 행복을 바라고 나눔을 실천하는 삶이 진정한 가치임을 알게 해주셨다. 가난한 시골 마을에 태어나셔서 공부할 기회가 없으신 선생님은 중학교만 졸업하시고 한약방에서 점원으로 일하면서 독학으로 한의학 공부를 했다. 그 결과 최연소로 합격해 진주에 한약방을 시작해서 먼저는 아픈 이들을 위해 저렴한 비용으로 진료하셨고 그렇게 모으신 돈을 의미 있게 쓰시려고 〈명신고등학교〉를 설립하셨다. 그 당시 진주에 인문계 고등학교가 없어서 학업의 기회를 주기 위한 목직으로 100억을 들여 설립한 학교였다. 형편이 어려운 학생들 천여 명에게 조건 없이 장학금을 지급하며 명문대. 경찰대. 사관학교 등에 많은 학생들을 보내 인재 양성을 하셨다.

학생들이 감사 인사를 전하러 올 때면 감사 인사는 필요 없고 자신이 서 있는 곳에서 사회에 보탬이 되는 사람이 되라고 말씀하셨다. 지금은 시가 500억이 넘는 그 학교를 국가에 헌납하셨다는 사실을 알고 놀라움을 금치 못했다. 학교를 세우고 사학 이사장 자리만 가지고 있어도 평생 존경받고 자식 대대로 편하게 부귀영화와 명예를 누릴 수 있는데도 그것을 포기하신 것이다. 진료하면서 보던 한약 서적과 진료 기록 등도 한의학 박물관에 기증

하시고 한약방을 폐업하면서 남은 재산은 모두 경남대에 기증하셨다고 한다. 아무나 할 수 있는 일이 아닌 진정한 어르신이기에 가능한 일이었다. 선생님이 하신 말씀 중에 "돈은 모아두면 똥과 같아서 악취가 나지만 땅에 뿌리면 좋은 거름이 되니 돈도 뿌리면 열매를 맺게 된다." 그 말이 기억에 남는다. 물질을 가치 있고 바르게 쓰면 얼마든지 큰 열매를 맺을 수 있다는 선생님의 가치관과 정신이 오롯이 담겨있다.

요즘 젊은이들 사이에서도 가치소비라는 새로운 풍조가 생겼다. 자기만족과 보람을 위해 생일. 입학. 결혼. 입사 등 기념일에 선물 대신 기념 기부를 부탁하거나 기부에 동참하고 있다. 유니세프 한국 위원회에서는 '같이 하는 기념 기부' 캠페인을 진행하며 동참을 이끌었다. 젊은이들의 이런 기부 풍조는 선한 영향력으로 확산되고 있다. 앞날이 불투명한 젊은이들의 암울한 미래나 MZ 세대의 부정적 측면만 부각시키는 이들도 있지만 그들이 패기있게 주도하는 선한 영향력도 많다. 그 예로 플로킹(Ploke+Walking)이란 걸으면서 쓰레기를 줍는 운동으로 건강도 챙기고 환경도 지키는 캠페인으로 자리잡는 플로거들도 늘었다. 우리나라 말로는 줍깅. 쓰담 달리기라고 하며 많은 이들이 동참하고 쓰레기를 주우며 걸을 때마다 기업이 적십자에 기부하는 행사가 열리기도 한다.

환경과 건강. 선한 영향력 확산. 기부 문화 등을 자신들만의 방법과 개성으로 실천하고 있는 젊은이들의 새로운 가치를 보면 우리 사회에 희망이 보인다. 한쪽에선 물질이 최고라며 한탕주의.

도박. 마약에 빠져 인생을 망가뜨리는 젊은이들이 있는가 하면 한쪽에서는 자신이 있는 자리에서 최선을 다하며 자기 삶을 가꾸면서도 적극적이고 주도적인 젊은이들이 본이 되기도 한다.

SNS가 부정적 영향만 주는 것이 아닌 것처럼 모든 것엔 양면성이 있다. 긍정적 사고. 긍정적 가치. 긍정적 소비 등 우리 사회에 긍정적 영향들이 끊이지 않는 젊은이들로 우리 사회에 밝은 미래를 꿈꾼다. 더불어 삶의 가치를 물질에서만 찾지 말고 서양의 중산층의 개념처럼 내가 먼저가 아닌 우리가 우선시해야 한다. 공동체 모두의 유익을 위한 가치관을 갖고, 진정한 선진국으로 나아가는 것이 우리가 만들어가야 할 청사진이다.

내 삶은 여전히 Underway

초판 1쇄 인쇄 · 2025년 5월 16일
초판 1쇄 발행 · 2025년 6월 2일

지은이 • 정옥조
펴낸이 • 황정훈
펴낸곳 • 마이웨이북스
출판등록 • 제 420-2022-000006 호

ⓒ 정옥조, 2025

정가 15,800원

ISBN 979-11-93087-20-6(03810)

* 잘못된 책은 구입하신 서점에서 교환해드립니다.